高校入試対策

英語リスニング 練習問題

実践問題集　秋田県版
2025年春受験用

JN132451

▤ contents

K 教英出版

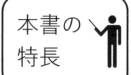

本書の特長

① 基本問題集（別冊）

英語リスニング問題を**7章の出題パターン別**に練習できる問題集です。
秋田県公立高校入試の英語リスニング問題の**出題パターンを重点的に**練習できます。

② 解答集（別冊）

①基本問題集の解答・解説・放送文・日本語訳などを収録。すべての問題の**放送文と日本語訳を見開きページで見る**ことができ，単語や表現を１つずつ照らし合わせながら**復習**ができます。

③ 実践問題集秋田県版（この冊子）

秋田県公立高校入試の**過去問題(２回分)**と，形式が似ている**実践問題(３回分)**を収録。
秋田県公立高校入試の**出題パターンの把握**や**入試本番に向けての練習**に最適です。

実践問題集 秋田県版 の特長と使い方

秋田県公立高校入試で**実際に出題された**問題です。

秋田県公立高校入試と**出題パターンが似ている**問題です。

２ページの**過去の典型的な出題パターンと対策**で出題パターンを把握してから，**過去問題と実践問題**に進んでください。問題を解いた後に**解答例と解説**を見て，**答えにつながる聴き取れなかった部分を聴き直す**と効果的です。別冊の**基本問題集**で**出題パターン別**に練習して，**出題パターンに合った実力**をつけてからこの冊子に進むと，**過去問題と実践問題**をよりスムーズに解くことができます。

音声の聴き方

教英出版ウェブサイトの「**ご購入者様のページ**」に下記の「**書籍ＩＤ番号**」を入力して音声を聴いてください。

ID **163003** （有効期限 2025 年 9 月）

教英出版ウェブサイトの「**ご購入者様のページ**」へ

過去の典型的な出題パターンと対策

▶ 絵・グラフ… 対話や英文を聞き，絵やグラフを選ぶ　⊖ 別冊　第1章

 放送文

> (Aya): I visited Okinawa for three days last week.
> (Bob): That's nice. It's snowy here today, but how was the weather in Okinawa?
> (Aya): It was rainy on the first day. But on the second day it was cloudy, and on the third day it was sunny at last.
> Question: How was the weather when the girl arrived in Okinawa?

対話を聞いて，質問に合う絵をア〜エから1つ選び，記号を書きなさい。

 問題

ア	イ	ウ	エ
晴 れ	くもり	雨	雪

▶ 対話と質問(複数)… 対話を聞き，複数の質問の答えを選ぶ　⊖ 別冊　第5章

 放送文

> Miki: Hi, Jim. What will you do this weekend?
> Jim: Hi, Miki. On Saturday, I am going to go to see a popular movie in the new theater in front of the station.
> ┆ ← この間省略
> Miki: Well, shall I lend you the book? I think you can enjoy watching the movie more if you have some information about the team.
> Jim: Yes, please. The book will be helpful for getting ready to watch the movie. Thank you very much.
> Question 1: What was the thing Miki liked the best about the movie?
> Question 2: What will Jim probably do before he watches the movie?

対話を聞いて，それぞれの質問に合うものをア〜エから1つ選び，記号を書きなさい。

 問題

(1)　ア　The actor.　　イ　The history.　　ウ　The story.　　エ　The theater.

(2)　ア　He will listen to the music in the movie with Miki.
　　イ　He will read the book which he is going to borrow.
　　ウ　He will talk about the story of the movie with Miki.
　　エ　He will get ready to write a book about the movie.

▶ 作文… 対話や英文を聞き，英文で答える　⊖ 別冊　第7章

 放送文

> Jack : Mom, can I have breakfast at 6 tomorrow?
> Mother : It's Saturday tomorrow. Do you have classes?
> Jack : No, we don't have school, but I have to get up early.
> Mother : Why?
> Jack : (　　　　　　　　　　　　　　　　　)

問題　これから，中学生の Jack と Jack の母親との対話を放送します。その中で，母親が Jack に質問をしています。Jack に代わってあなたの答えを英文で書きなさい。2文以上になってもかまいません。

Point 対策ポイント

作文の問題では，2回の放送で質問の内容を確実に聞き取ろう。英文を作るのはその後で十分。難しい単語や文法は使わず，正しく書けるものを使って英文を作ろう。

過去問題 A

リスニングテスト

(1) （会話を聞き，質問に対する答えとして最も適切な絵を選ぶ問題）　<u>2 回ずつ放送</u>

①　ア　　　　　　　イ　　　　　　　ウ　　　　　　　エ

②　ア　　　　　　　イ　　　　　　　ウ　　　　　　　エ

(2) （会話を聞き，会話の最後の文に対する応答として最も適切なものを選ぶ問題）

<u>1 回ずつ放送</u>

①　ア　I'll come with you.　　　　　イ　OK. I'll take it.
　　ウ　I washed it yesterday.
②　ア　The movie will be interesting.　イ　I'll be free tomorrow.
　　ウ　That will be nice.
③　ア　She is a small brown cat.　　　イ　She is looking at the window.
　　ウ　She is in my room.

(3) （会話を聞き，質問に対する答えとして最も適切なものを選ぶ問題）　<u>2 回ずつ放送</u>

①　ア　Last month.　　　　　　　　イ　Last Wednesday.
　　ウ　Five days ago.　　　　　　　エ　Five months ago.
②　ア　For ten minutes.　　　　　　イ　For twenty minutes.
　　ウ　For thirty minutes.　　　　　エ　For forty minutes.
③　ア　They will have lunch.　　　　イ　They will sing a song.
　　ウ　They will dance.　　　　　　エ　They will practice the *taiko* drum.

(4) （スピーチを聞き，その内容として適切なものを **2 つ**選ぶ問題と，ボブ先生の最後の

　　[問い]に対して，**話題を 1 つ取り上げ，英文 2 文**であなたの[答え]を書く問題）

<u>2 回放送</u>

　　ア　Bob worked as a teacher in China.
　　イ　Bob was worried because he couldn't speak Japanese.
　　ウ　Bob cleans the streets after his work.
　　エ　Bob learns new things from many friends.

　　[答え]　_____

リスニングテスト

(1)	①	
	②	
(2)	①	
	②	
	③	
(3)	①	
	②	
	③	
(4)		
	[答え]	

(4)

　　問題は(1)から(4)まであります。聞きながらメモをとってもかまいません。また，(2)の会話は1回しか言いませんので，注意して聞いてください。(間2秒)

　　(1)を始めます。問題は2つです。二人の会話とそれについての質問を聞いて，答えとして最も適切な絵を，それぞれ**ア，イ，ウ，エ**から1つずつ選んで記号を書きなさい。会話と質問は通して2回ずつ言います。では始めます。

① (A女)：Hi, John. Look at this picture.
　 (B男)：Oh, the river is beautiful. Did you go there?
　 (A女)：Yes. These mountains were beautiful, too. You should go. (間2秒)

　　Question　：　Which picture are they looking at? (間2秒) 繰り返します。
　　　　　　　　　(間3秒)

② (A男)：I finished my homework. Can I help you, Mom?
　 (B女)：Yes, please. I must wash dishes and clean the rooms. So, can you go shopping for me?
　 (A男)：Sure. I'll go soon. (間2秒)

　　Question　：　What is the son going to do? (間2秒) 繰り返します。
　　　　　　　　　(間5秒)

　　(2)に移ります。問題は3つです。二人の会話を聞いて，それぞれの会話の最後の文に対する応答として最も適切なものを，それぞれ**ア，イ，ウ**から1つずつ選んで記号を書きなさい。会話は通して1回ずつ言います。では始めます。

① (A女)：May I help you?
　 (B男)：Yes. I like this T-shirt. How much is it?
　 (A女)：It's one thousand yen. It's very cheap today.
　　　　　 (間7秒)

② (A男)：Are you free tomorrow? I want to play tennis with you.
　 (B女)：Sorry. I'll see a movie with my family.
　 (A男)：How about next Sunday?
　　　　　 (間7秒)

③ (A女)：You look sad. What's the matter?
　 (B男)：I cannot find my cat at home.
　 (A女)：I can help you. Tell me about your cat.
　　　　　 (間7秒)

（3）に移ります。中学生の佳菜（Kana）と留学生のトム（Tom）が，昼休みに学校で会話をしています。会話の後で，3つの質問をします。答えとして最も適切なものを，それぞれ**ア，イ，ウ，エ**から1つずつ選んで記号を書きなさい。佳菜とトムの会話と質問は通して2回ずつ言います。では始めます。

(Kana)： Hi, Tom. I didn't see you after school yesterday. What were you doing?
(Tom)： I was practicing the *taiko* drum with my group.
(Kana)： Really? Do you play the *taiko* drum?
(Tom)： Yes. I joined a *taiko* group five months ago. I practice it every Wednesday. The members are so kind. I love to play with them. Next Saturday, we'll have an event in the city hall and play the *taiko* drum there.
(Kana)： I want to see it. When will the event start?
(Tom)： It will start at one. Six other groups will come. They will dance or sing.
(Kana)： What time will your group play the *taiko* drum?
(Tom)： We will play from one ten to one thirty. Before the event, I have free time. Let's have lunch together.
(Kana)： Good idea. I hope we will have a good time.
（間3秒）

Questions ： ① When did Tom become a member of the *taiko* group? （間5秒）
② How long will Tom's group play the *taiko* drum at the event? （間5秒）
③ What will Kana and Tom do before the event? （間5秒）繰り返します。
（間5秒）

（4）に移ります。アメリカ出身のＡＬＴのボブ（Bob）先生が日本での生活についてスピーチをしています。スピーチを聞いて，その内容として適切なものを，**ア，イ，ウ，エ**から2つ選んで記号を書きなさい。また，ボブ先生の最後の[問い]に対して，**話題を1つ取り上げ，2つの英文**であなたの[答え]を書きなさい。スピーチは2回言います。はじめに15秒間，問題に目を通しなさい。（間15秒）では始めます。

I have stayed in Japan for two years. Before I came to Japan, I stayed in China and taught English at a high school there. When I came to China and Japan, I couldn't speak the languages. But I didn't worry. I believe language is not a problem. Doing something with other people is more important. In Japan, I try volunteer work. I clean the streets on holidays and teach English to people in the town after my work. I also help people at festivals. I have many friends. They teach me a lot of new things. So, I'm happy and enjoying my life here. Now I have a question for you. What makes you happy in your life?
（間20秒）繰り返します。
（間20秒）

これでリスニングテストを終わります。

リスニングテスト

(1) (会話を聞き，質問に対する答えとして最も適切な絵を選ぶ問題)　　<u>2回ずつ放送</u>

① ア　　　　　　イ　　　　　　ウ　　　　　　エ

② ア　　　　　　イ　　　　　　ウ　　　　　　エ

   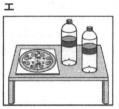

(2) (会話を聞き，会話の最後の文に対する応答として最も適切なものを選ぶ問題)

<u>1回ずつ放送</u>

① ア　No. We have no homework.　　　イ　OK. Thank you for your help.
　　ウ　Sure. Let's do it together.

② ア　How about 8 : 30, then?　　　　イ　How about 9 : 30, then?
　　ウ　How about 10 : 00, then?

③ ア　No. I said, "Right now."　　　　イ　No. I said, "Turn left."
　　ウ　No. I said, "You're right."

(3) (会話を聞き，質問に対する答えとして最も適切なものを選ぶ問題)　　<u>2回ずつ放送</u>

① ア　Because he is sick.　　　　　　　イ　Because he is busy.
　　ウ　Because he forgot the practice.　エ　Because he has a piano lesson.

② ア　On Monday.　　　　　　　　　　イ　On Tuesday.
　　ウ　On Wednesday.　　　　　　　　エ　On Thursday.

③ ア　A notebook and a dictionary.　　イ　A notebook and a textbook.
　　ウ　A pen and a dictionary.　　　　エ　A pen and a notebook.

(4) (佐藤先生の話を聞き，その内容として適切なものを2つ選ぶ問題と，佐藤先生の最後の
　　[問い]に対して，**話題を1つ取り上げ**，**英文2文**であなたの[答え]を書く問題)

<u>2回放送</u>

　　ア　John is a new student staying in Japan now.
　　イ　John talked with Mr. Sato in Japanese and English.
　　ウ　John wants to join the basketball team at school in Japan.
　　エ　John hopes that he will make designs of buildings as his job.

　　[答え]　＿＿＿＿＿＿＿＿＿＿＿＿＿＿＿＿＿＿＿＿＿＿＿＿＿＿＿＿

リスニングテスト

(1)	①	
	②	
(2)	①	
	②	
	③	
(3)	①	
	②	
	③	
(4)		
	[答え]	

放送文は次ページ。解答例と解説は 24 ページにあります。

過去問題 B 　放送文

　問題は(1)から(4)まであります。聞きながらメモをとってもかまいません。また，(2)の会話は 1 回しか言いませんので，注意して聞いてください。（間 2 秒）

　(1)を始めます。問題は 2 つです。二人の会話とそれについての質問を聞いて，答えとして最も適切な絵を，それぞれ**ア，イ，ウ，エ**から 1 つずつ選んで記号を書きなさい。会話と質問は通して 2 回ずつ言います。では始めます。

① （A 女）：I was reading a book in the park yesterday.
　（B 男）：Really? I was playing the guitar there. Where were you, Ayako?
　（A 女）：I was under the tree.（間 2 秒）

　　Question　：　Which picture shows Ayako?（間 2 秒）繰り返します。
　　　　　　　　（間 3 秒）

② （A 男）：I brought some juice for the party.
　（B 女）：Thank you. I brought some flowers.
　（A 男）：Good! Let's make pizza and cake.（間 2 秒）

　　Question　：　What did they bring for the party?（間 2 秒）繰り返します。
　　　　　　　　（間 5 秒）

　(2)に移ります。問題は 3 つです。二人の会話を聞いて，それぞれの会話の最後の文に対する応答として最も適切なものを，それぞれ**ア，イ，ウ**から 1 つずつ選んで記号を書きなさい。会話は通して 1 回ずつ言います。では始めます。

① （A 女）：Today's homework looks difficult.
　（B 男）：I don't think so. It looks easy for me.
　（A 女）：Really? Will you help me?
　　　　　　（間 7 秒）

② （A 男）：What time are we going to get on the train tomorrow?
　（B 女）：At ten. So we have to leave home at nine thirty.
　（A 男）：I want to leave before nine to go to the post office.
　　　　　　（間 7 秒）

③ （A 女）：May I ask you the way to the city hall?
　（B 男）：OK. Turn left at the bank and go straight. You will find it on your right.
　（A 女）：Did you say "Turn right"?
　　　　　　（間 7 秒）

(3)に移ります。中学生の美佳(Mika)とALTのホワイト先生(Mr. White)が，放課後に学校で会話をしています。会話の後で，3つの質問をします。答えとして最も適切なものを，それぞれ**ア，イ，ウ，エ**から1つずつ選んで記号を書きなさい。美佳とホワイト先生の会話と質問は通して2回ずつ言います。では始めます。

(*Mr. White*)： Hi, Mika. I need to talk to you now.
  (*Mika*)： What is it, Mr. White?
(*Mr. White*)： It is about today's practice for your English speech. I'm busy today. So I have to change the day.
  (*Mika*)： OK. When will we practice?
(*Mr. White*)： Let's practice tomorrow. Can we start at four in the afternoon?
  (*Mika*)： Sorry, I have a piano lesson on Tuesday. How about the next day?
(*Mr. White*)： OK. Let's practice at four. We can use the gym on that day.
  (*Mika*)： I see. Do I need a dictionary and a textbook?
(*Mr. White*)： No. You don't have to bring them, but you need a pen and a notebook.
     (間3秒)

Questions ： ① Why does Mr. White have to change the day of the practice? (間5秒)
     ② When will Mika practice with Mr.White? (間5秒)
     ③ What does Mr. White tell Mika to bring? (間5秒)繰り返します。
     (間5秒)

(4)に移ります。佐藤先生(Mr. Sato)が，英語の授業で留学生のジョン(John)について話をしています。佐藤先生の話を聞いて，その内容として適切なものを，**ア，イ，ウ，エ**から2つ選んで記号を書きなさい。また，佐藤先生の最後の[問い]に対して，**話題を1つ取り上げ，2つの英文**であなたの[答え]を書きなさい。佐藤先生の話は2回言います。はじめに15秒間，問題に目を通しなさい。(間15秒)では始めます。

 Hello, everyone. I have big news today. A new student will come from Canada next month. His name is John. I talked with him on the phone yesterday. He can speak easy Japanese. So, we began talking in Japanese, but later we used English. He is a member of the basketball team, but he wants to try different club activities in Japan. He wants to be a designer of buildings in the future. He is interested in old Japanese temples and shrines. Now, I have a question for you. What do you want to do with John?
(間20秒)繰り返します。
(間20秒)

 これでリスニングテストを終わります。

実践問題A

第 一 問 （放送によるテスト）次の**問題1**から**問題4**に答えなさい。

問題1 英語を聞いて，その内容を最も適切に表しているものを，それぞれ**ア，イ，ウ，エ**の中から
1つ選んで，その記号を**解答用紙**に書きなさい。

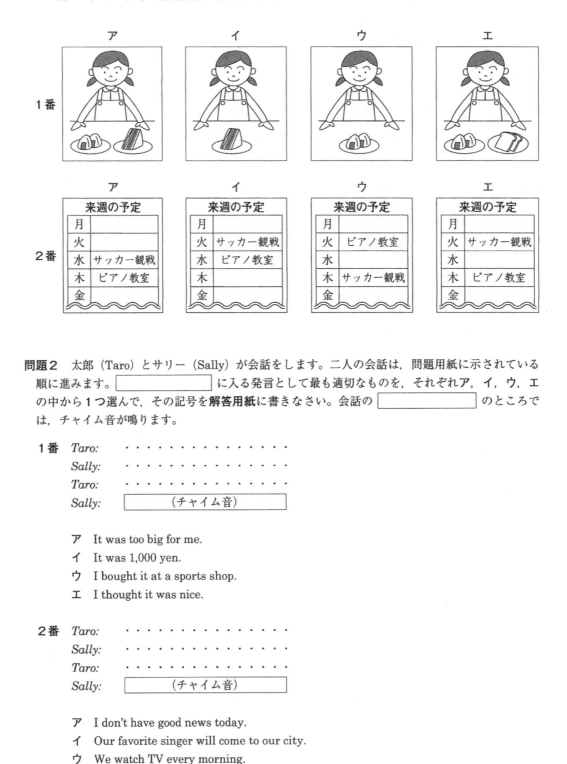

問題2 太郎（Taro）とサリー（Sally）が会話をします。二人の会話は，問題用紙に示されている
順に進みます。 ◻︎ に入る発言として最も適切なものを，それぞれ**ア，イ，ウ，エ**
の中から1つ選んで，その記号を**解答用紙**に書きなさい。会話の ◻︎ のところで
は，チャイム音が鳴ります。

1番 *Taro:* ・・・・・・・・・・・・・・・・
　　 Sally: ・・・・・・・・・・・・・・・・
　　 Taro: ・・・・・・・・・・・・・・・・
　　 Sally: （チャイム音）

　　 ア It was too big for me.
　　 イ It was 1,000 yen.
　　 ウ I bought it at a sports shop.
　　 エ I thought it was nice.

2番 *Taro:* ・・・・・・・・・・・・・・・・
　　 Sally: ・・・・・・・・・・・・・・・・
　　 Taro: ・・・・・・・・・・・・・・・・
　　 Sally: （チャイム音）

　　 ア I don't have good news today.
　　 イ Our favorite singer will come to our city.
　　 ウ We watch TV every morning.
　　 エ I have never heard about the news.

問題3　聡太（Sota）と留学生のジェーン（Jane）が会話をします。そのあとで会話について3つの質問をします。それらの質問に対する答えとして最も適切なものを，それぞれア，イ，ウ，エの中から1つ選んで，その記号を解答用紙に書きなさい。

1番　ア　To see his family member.
　　　イ　To clean the beach.
　　　ウ　To study English.
　　　エ　To stay with Jane's family.

2番　ア　Sota should study English with his sister.
　　　イ　Sota should talk more with his father.
　　　ウ　Sota shouldn't go swimming in the sea.
　　　エ　Sota shouldn't walk along the beach.

3番　ア　He can visit a lot of famous places with his family.
　　　イ　He can learn how to swim in the cold weather.
　　　ウ　He can have a good time without watching the sea.
　　　エ　He can talk with his family and watch the beautiful sea together.

問題4　ジャック（Jack）と彩（Aya）が会話をします。二人の会話は，問題用紙に示されている順に進み，ジャックが彩に質問をします。彩になったつもりで，[　　　　　　　]に入る適切な発言を考えて，**英語で解答用紙に書きなさい**。会話の[　　　　　　　]のところでは，チャイム音が鳴ります。

Jack:　・・・・・・・・・・・・・・・
Aya:　・・・・・・・・・・・・・・・
Jack:　・・・・・・・・・・・・・・・
Aya:　[　　　（チャイム音）　　　]

問題1	1番	
	2番	
問題2	1番	
	2番	
問題3	1番	
	2番	
	3番	
問題4		- -

実践問題 A　[放送文]

放送を聞いて**問題1**から**問題4**に答えなさい。放送中に問題用紙にメモをとってもかまいません。

　問題1，英語を聞いて，その内容を最も適切に表しているものを，それぞれ**ア**，**イ**，**ウ**，**エ**の中から1つ選んで，その記号を**解答用紙**に書きなさい。英語は，それぞれ**2回**放送されます。では，始めます。

1番　I didn't have bread to make some sandwiches.　So I made two rice balls.
（この間約 4 秒）

　繰り返します。

2番　I usually have a piano class on Tuesday, but it will be on Thursday next week.
I can go to watch a soccer game next Tuesday.
（この間約 4 秒）

　繰り返します。

　問題2，太郎（Taro）とサリー（Sally）が会話をします。二人の会話は，問題用紙に示されている順に進みます。空欄に入る発言として最も適切なものを，それぞれ**ア**，**イ**，**ウ**，**エ**の中から1つ選んで，その記号を**解答用紙**に書きなさい。会話の空欄のところでは，チャイム音（チャイム音）が鳴ります。会話は，それぞれ**2回**放送されます。では，始めます。

1番　*Taro:*　　　You're wearing a nice T-shirt.
　　　Sally:　　Thank you, Taro.
　　　Taro:　　 Where did you get it?
　　　Sally:　　（チャイム音）
（この間約 4 秒）

　繰り返します。

2番　*Taro:*　　　Hi, Sally.　You look happy today.
　　　Sally:　　Actually, I have good news for us.
　　　Taro:　　 What is it?
　　　Sally:　　（チャイム音）
（この間約 4 秒）

　繰り返します。

次に**問題3**に移ります。聡太（Sota）と留学生のジェーン（Jane）が会話をします。そのあとで会話について3つの質問をします。それらの質問に対する答えとして最も適切なものを，それぞれア，イ，ウ，エの中から1つ選んで，その記号を**解答用紙**に書きなさい。はじめに会話，続いて質問の順で，2回放送されます。では，始めます。

Sota:	Jane, guess what! I'm going to go to Australia this summer.
Jane:	That's nice!
Sota:	My sister is studying English in Sydney. My father and I are going to see her.
Jane:	I see. I hope you enjoy your stay.
Sota:	Thanks. I want to spend a lot of time with my sister there. Now I'm planning to go swimming in the sea with her.
Jane:	I think you shouldn't do that. It's so cold that you can't swim. It will be winter when you are in Sydney.
Sota:	Oh, that's too bad. I wanted to swim because Sydney is famous for its beautiful sea.
Jane:	Well, how about walking along the beach? You can enjoy talking with your sister and watching the beautiful sea. I think your father also wants to talk with your sister a lot.
Sota:	I like your idea! We can talk together and watch the beautiful sea at the same time. Thanks, Jane.

続いて質問に移ります。

1番 Why is Sota going to go to Sydney?
（この間約 4 秒）

2番 What does Jane say about Sota's plan in Sydney?
（この間約 4 秒）

3番 Why does Sota like Jane's idea?
（この間約 7 秒）

会話を繰り返します。

次に**問題4**に移ります。ジャック（Jack）と彩（Aya）が会話をします。二人の会話は，問題用紙に示されている順に進み，ジャックが彩に質問をします。彩になったつもりで，空欄に入る適切な発言を考えて，**英語で解答用紙**に書きなさい。会話の空欄のところでは，チャイム音（チャイム音）が鳴ります。会話を2回放送したあとに，答えを記入する時間をとります。では，始めます。

Jack:	Aya, it will be rainy tomorrow.
Aya:	Then I can't go to the mountain. I will stay home tomorrow.
Jack:	What are you going to do?
Aya:	（チャイム音）
	（この間約 3 秒）

繰り返します。

これで放送によるテストを終わります。

実践問題 B

問題A　下の No.1～No.3 のイラスト，グラフのそれぞれについて，英文 **A**，**B**，**C** が順番に読まれます。説明として正しいか，誤っているかを判断して，解答例のように ○ で囲みなさい。なお，正しいものはそれぞれ 1 つとは限りません。

解答例

	A	B	C
解答欄例	⓪正	⓪正	正
	誤	誤	⓪誤

No. 1

解答欄 No. 1	A	B	C
	正	正	正
	誤	誤	誤

No. 2

解答欄 No. 2	A	B	C
	正	正	正
	誤	誤	誤

No. 3 太郎さんの学校のアンケート結果

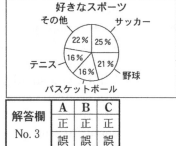

解答欄 No. 3	A	B	C
	正	正	正
	誤	誤	誤

問題B　No.1，No.2 の対話を聞き取り，あとの英語の質問の答えとして最も適切なものを **A**，**B**，**C**，**D** の中から 1 つ選んで記号で答えなさい。

No. 1

質問1
A　Yukio left Japan with Jim yesterday.
B　Yukio bought a soccer ball with Jim yesterday.
C　Yukio practiced soccer with Becky yesterday.
D　Yukio bought a present for Jim yesterday.

質問2
A　Leave Japan next month.
B　Get a present for Yukio.
C　Buy a T-shirt for Jim.
D　Practice soccer with Jim.

No. 2

解答欄　No. 1

質問1		質問2	

解答欄　No. 2

問題C　由美子 (Yumiko) さんはカナダ出身の友達のトム (Tom) さんと話した後，留学生のエミリー (Emily) さんに電子メールを送りました。由美子さんとトムさんの対話を聞き，下線部①，② に最も適する英語を 1 語ずつ入れ，下の電子メールを完成させなさい。

由美子さんがエミリーさんに送った電子メール

Hi, Emily.　Tom said he was interested in the movie, *"The Happiest Panda."*　He and I talked about going to see the movie on ①_____, so why don't we all go together?　We can see the movie together in the morning and then you and I can go ②_____ later.　What do you think?　　　　　　Yumiko

問題D　ALT のジェシカ (Jessica) 先生の話と質問を聞き，英語で答えなさい。

解答欄

実践問題B 　放送文

問題A 　放送文 （３つの英文を聞いて，それぞれがイラストやグラフの内容に合っているかどうかを答える問題）

No.1　A　We can use this to drink coffee.
　　　B　This is always used when we clean the room.
　　　C　All Japanese people buy this every day.

No.2　A　The boy is walking with his dog.
　　　B　It's a fine day and it's not raining.
　　　C　The girl is riding a bike to school.

No.3　A　Soccer is more popular than tennis in Taro's school.
　　　B　Baseball is the most popular of all in Taro's school.
　　　C　Basketball is as popular as tennis in Taro's school.

問題B 　放送文 （対話を聞いて，質問に対する答えを選ぶ問題）

No.1　A：Yukio, I hear Jim is going to leave Japan next month. Did you know?
　　　B：Yes, Becky. Yesterday I bought a present for him and he doesn't know about it.
　　　A：What did you buy?
　　　B：A soccer ball, because Jim and I are members of the soccer team. We have practiced soccer together since we were seven.
　　　A：That's nice. I hear you and Jim are good friends. I think I should give him a present too.
　　　B：Well, how about a T-shirt?
　　　A：Sounds good. Jim has been so nice to us. I'll miss him.
　　　B：I'll miss him too.

質問1 　Which is true?

質問2 　What will Becky do?

No.2　A：Hi, Masaya. Can you help me? How can I get to the post office?
　　　B：Hello, Ms. Green. Sure, I can help you. Well, go down the street that goes to the station. You'll see the bookstore on your left.
　　　A：Oh, I think I know that bookstore. Is it near the park?
　　　B：Yes. Turn left at the bookstore. Then go straight and turn right at the flower shop. You'll find the post office on your left.
　　　A：Thank you very much.

質問 　Where is the post office?

問題C 　放送文 （対話を聞いて，話の内容を完成させる問題）

A：Hi, Tom.
B：Hi, Yumiko. Do you have any plans for this weekend?
A：Yes, I'm going to visit my grandfather's house on Sunday. How come?
B：Well, I want to see the movie, *The Happiest Panda.* Can we see it together?
A：Sounds good. I want to see it too, and I'm planning to see it with Emily. Oh, why don't we all go together?
B：OK. It's no problem.
A：How about Saturday morning? Emily and I are also planning to go shopping that afternoon.
B：I see. The movie starts at 10:20, so let's meet around 10:00 at the station.
A：That's great. I will tell her about our plan later.

問題D 　放送文 （英語の指示に従って，英語で答える問題）

　　Hello. I'm Jessica. I have lived in Toyama as an ALT for three years. I'm happy when I teach English to my students. They teach me about interesting things in Toyama. Now I have two questions. What makes you happy? And why?

実践問題C

放送を聞いて答えなさい。

《その1》　話される英語を聞いて，それぞれの後の質問に対する答えとして最も適当なものを，アから
エまでの中からそれぞれ1つ選びなさい。

1

ア	イ	ウ	エ

2

3

ア	イ	ウ	エ

4

ア	イ	ウ	エ

《その2》　カナダに留学している健（Ken）さんの留守番電話に，ジョン（John）さんからメッセージが
入っていました。ジョンさんが健さんに伝えたいことは何ですか。最も適当なものを，アから
エまでの中から1つ選びなさい。

- ア　To practice baseball.
- イ　To join the game.
- ウ　To teach baseball.
- エ　To buy a ticket for the game.

《その1》	1		2	
	3		4	
《その2》				

《その3》　高校に入学した香菜（Kana）さんは，アメリカ合衆国からの留学生であるトム(Tom)さんとどの部活動に入るかを話しています。放送を聞いて，会話の後の１から３までの質問に対する最も適当な答えを，アからエまでの中からそれぞれ１つ選びなさい。

　　また，あなたも二人と一緒に話しているとして，あなたなら最後の香菜さんの質問にどのように答えますか。香菜さんとトムさんのやり取りの内容をふまえて，４の解答欄に５語以上の英語で書きなさい。

Kana　　　　You　　　　Tom

1　ア　Yes, he is.
　　イ　No, he isn't.
　　ウ　Yes, he does.
　　エ　No, he doesn't.

2　ア　One.
　　イ　Two.
　　ウ　Three.
　　エ　Four.

3　ア　She will make a lot of friends.
　　イ　She will watch more club activities.
　　ウ　She will sing songs with Tom.
　　エ　She will practice hard to sing better.

4　あなたも二人と一緒に話しているとして，あなたなら最後の香菜さんの質問にどのように答えますか。香菜さんとトムさんのやり取りの内容をふまえて，５語以上の英語で書きなさい。

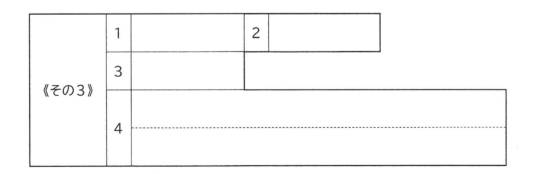

実践問題C   放送文

問題は《その1》から《その3》まであります。聞いている間にメモをとってもかまいません。

まず、《その1》から始めます。これから話される英語を聞いて、それぞれの後の質問に対する答えとして最も適当なものを、問題用紙に示されたアからエまでの中からそれぞれ1つ選びなさい。英語は、それぞれ2回放送します。それでは、始めます。

No.1　A: Kenta, how can I use this?
　　　B: We put it by a window in summer time. We enjoy its sound.
　　　A: That's nice.
　　　Question : What did Kenta explain?
　　　繰り返します。
　　　〔英文をもう一度読む。〕

No.2　A: Bob, I found your watch under your bed.
　　　B: Thank you, Mom. Where is it now?
　　　A: It's on the desk in your room.
　　　Question: Where is Bob's watch?
　　　繰り返します。
　　　〔英文をもう一度読む。〕

No.3　A: Ms. Smith, I'm sorry I'm late.
　　　B: What happened, David?
　　　A: I usually take the bus at 7:50, but it was late today.
　　　B: How long did you wait at the bus stop?
　　　A: I had to wait for 10 minutes.
　　　Question: What time did the bus come this morning?
　　　繰り返します。
　　　〔英文をもう一度読む。〕

No.4　A: Excuse me. I want to buy a present for my sister.
　　　B: How about these T-shirts? The black one is 22 dollars and the white one is 18 dollars.
　　　A: I only have 20 dollars. My sister will like the one with flowers. I will take that one.
　　　Question: Which T-shirt will the girl buy for her sister?
　　　繰り返します。
　　　〔英文をもう一度読む。〕

次に，《その２》に入ります。カナダに留学している健（Ken）さんの留守番電話に，ジョン（John）さんからメッセージが入っていました。ジョンさんが健さんに伝えたいことは何ですか。最も適当なものを，問題用紙に示されたアからエまでの中から１つ選びなさい。英語は，２回放送します。それでは，始めます。

Hello, Ken. This is John. We need your help. We are going to have a baseball game this Sunday, but one of our players cannot come to the game. We are looking for a person to play with us. I heard you like baseball. If you can come to the game, please call me.

　　　　繰り返します。
　　　〔英文をもう一度読む。〕

次に，《その３》に入ります。高校に入学した香菜（Kana）さんは，アメリカ合衆国からの留学生であるトム（Tom）さんとどの部活動に入るかを話しています。放送を聞いて，会話の後の１から３までの質問に対する最も適当な答えを，問題用紙に示されたアからエまでの中からそれぞれ１つ選びなさい。また，あなたも二人と一緒に話しているとして，あなたなら最後の香菜さんの質問にどのように答えますか。香菜さんとトムさんのやり取りの内容をふまえて，４の解答欄に５語以上の英語で書きなさい。会話と質問は通して２回放送します。それでは，始めます。

A: Tom, are you interested in a club?
B: I watched two club activities yesterday, but I haven't decided yet.
A: How were they?
B: The volleyball team looked hard for me, and the tennis team looked fun.
A: Then, you are interested in the tennis team, right?
B: Yes, but I'm worried because I've never played tennis.
A: You should try a new thing. It's good to start something new in high school.
B: That's right.
A: Were you a member of a club in America?
B: In America, we often play a different sport in each season. I played soccer in fall, basketball in winter, and baseball in spring.
A: Really? I am surprised to hear that.
B: Well, which club activities are you interested in, Kana?
A: I am interested in the chorus. I like singing with other people. I will practice hard to improve my performance in the chorus.
B: Great. I'd like to watch more club activities before I choose one.
A: How about you? Which club do you want to join?

Question 1: Is Tom on the tennis team?
Question 2: How many sports did Tom play in America?
Question 3: What will Kana do in the chorus in high school?
　　　　繰り返します。
　　　〔英文をもう一度読む。〕

以上で，聞き取りテストの放送を終わります。

過去問題 A

解答例

(1)① ウ　②イ　　(2)①イ　②ウ　③ア

(3)①エ　②イ　③ア

(4)ア，エ　答え…(例文)Playing tennis makes me happy.　I play tennis with my friends after school.

解説

(1)①　質問「彼らが見ているのはどの絵ですか？」…川と山が描かれている，ウが適切。　②　質問「息子は何をするでしょうか？」…B女の発言 So, can you go shopping for me?「じゃあ，買い物に行ってくれる？」とA男の発言 Sure, I'll go soon.「うん，すぐに行くよ」より，イが適切。

(2)①　A女「いらっしゃいませ」→B男「どうも。このTシャツが気に入りました。おいくらですか？」→A女「1000円です。今日は大変お安くなっています」→B男「イわかりました。これにします」

②　A男「明日は時間がある？君とテニスをしたいんだ」→B女「ごめんなさい。家族と映画を見る予定なの」→A男「次の日曜はどう？」→B女「ウそれならいいわよ」

③　A女「悲しそうだけど，どうしたの？」→B男「飼いネコが家で見つからないんだ」→A女「私が手伝うわ。あなたのネコについて教えてちょうだい」→B男「ア小さくて茶色いネコだよ」

(3)①　質問「トムはいつ太鼓のグループのメンバーになりましたか？」…トムの2回目の発言 I joined a *taiko* group five months ago.「5か月前に太鼓のグループに加入したよ」より，エが適切。

②　質問「トムのグループはそのイベントでどれくらいの時間太鼓を演奏しますか？」…佳菜の4回目の発言 What time will your group play the *taiko* drum?「あなたのグループは何時に太鼓を演奏するの？」と，トムの4回目の発言 We will play from one ten to one thirty.「1時10分から1時30分まで演奏するよ」より，イが適切。

③　質問「佳菜とトムはイベントの前に何をしますか？」…トムの4回目の発言 Before the event, I have free time.　Let's have lunch together.「イベントの前に時間があるよ。一緒にランチを食べようよ」と佳菜の5回目の発言 Good idea.「いいアイデアね」より，アが適切。

(4)　【日本語訳】参照。ア○「ボブは中国で教師として働いた」　イ「ボブは日本語が話せなかったので×心配だった」　ウ「ボブは×仕事の後に道を清掃する」　エ○「ボブはたくさんの友達から新しいことを学んでいる」　答え　（例文の訳）「テニスをすることが私を幸せな気持ちにしてくれます。私は放課後友達とテニスをします」

【日本語訳】

私は日本に滞在して2年になります。ァ日本に来る前は中国にいて，高校で英語を教えていました。私は，中国と日本に来たときは，そこの言葉を話せませんでした。しかし，心配ではありませんでした。言葉は問題ではないと信じています。人と一緒に何かをすることの方が大切です。日本では私はボランティアをしています。休日には道の清掃をし，仕事の後に町の人たちに英語を教えています。また，お祭りのお手伝いもします。ェ私にはたくさんの友達がいます。彼らは私に新しいことをたくさん教えてくれます。ですから，私は幸せですしここでの生活を楽しんでいます。さて，みなさんに質問します。問い生活の中でどんなことがあなたを幸せな気持ちにしてくれますか？

解答例

(1)①エ　②ア　(2)①ウ　②ア　③イ

(3)①イ　②ウ　③エ

(4)イ，エ　答え…(例文) I want to enjoy judo with him.　I think it's a new sport for him.

解説

(1)① 質問「どの写真がアヤコを示していますか？」…A (アヤコ) の2回目の発言「私は木の下にいたわ」より，エが適切。　② 質問「彼らはパーティーに何を持ってきましたか？」…A「僕はパーティーにジュースを持ってきたよ」とB「私は花を持ってきたわ」より，アが適切。

(2)① Aの最後の発言「手伝ってくれない？」より，ウ「いいよ，一緒にやろう」が適切。　② A「明日何時に電車に乗る？」→B「10時よ。だから9時30分に家を出ないとね」→A「僕は郵便局に行くから9時前に出たいな」より，ア「それじゃあ，8時30分でどう？」が適切。　③ Bの発言「銀行のところを左に曲がって，まっすぐ進んでください」より，Aの最後の発言「あなたは『右に曲がってください』と言いましたか？」に対して，イ「いや，私は『左に曲がってください』と言いました」が適切。

(3)【日本語訳】参照。① 質問「なぜホワイト先生は練習日を変更しなければならないのですか？」…イ「彼は忙しいからです」が適切。　② 質問「美佳はいつホワイト先生と練習しますか？」…ウ「水曜日に」が適切。　③ 質問「ホワイト先生は美佳に何を持ってくるように言っていますか？」…エ「ペンとノートです」が適切。

【日本語訳】

ホワイト：こんにちは，美佳。私は今あなたと話がしたいです。

美佳　：何ですか，ホワイト先生？

ホワイト：今日の英語スピーチの練習についてです。①イ今日は忙しいから，曜日を変更しなければなりません。

美佳　：わかりました。いつ練習しますか？

ホワイト：明日練習しましょう。午後4時に始められますか？

美佳　：すみません，②ウ火曜日はピアノのレッスンがあります。その翌日はどうですか？

ホワイト：②ウわかりました。4時に練習しましょう。その日は体育館を使えます。

美佳　：わかりました。辞書や教科書は必要ですか？

ホワイト：いいえ。それらを持ってくる必要はありませんが，③エペンとノートは必要です。

(4)【日本語訳】参照。ア「ジョンは×今日本に滞在している新入生です」　イ○「ジョンは佐藤先生と英語と日本語で話しました」　ウ「ジョンは日本の学校で×バスケットボール部に入りたいです」　エ○「ジョンは仕事として建物を設計したいと思っています」　佐藤先生の最後の問い「ジョンと何をしたいですか？」に対する答えを考える。2文で答えること。(例文)「私は彼と柔道を楽しみたいです。彼にとっては初めてのスポーツだと思います」

【日本語訳】

みなさん，こんにちは。今日はビッグニュースがあります。来月カナダから新入生が来ます。彼の名前はジョンです。 私は昨日彼と電話で話しました。彼は簡単な日本語を話すことができます。それで，私たちは日本語で話を始めましたが，その後は英語を使いました。ィ彼はバスケットボールチームのメンバーですが，日本で別のクラブ活動に挑戦したいと考えています。ェ将来は建築設計士になりたいそうです。日本の古い寺社仏閣に興味があります。さて，みなさんに質問があります。ジョンと何をしたいですか？

解答例

問題１．１番…ウ　２番…エ

問題２．１番…ウ　２番…イ

問題３．１番…ア　２番…ウ　３番…エ

問題４．I'm going to clean my room.

解説

問題１

１番　「サンドイッチを作るパンがなかったので，おにぎりを２つ作りました」…ウが適切。

２番　「火曜日はいつもピアノのレッスンがあるのですが，来週は木曜日にあります。来週の火曜日はサッカーの試合を観に行くことができます」…エが適切。

問題２

１番　太郎「君は素敵なＴシャツを着ているね」→サリー「ありがとう，太郎」→太郎「どこで手に入れたの？」より，ウ「スポーツ店で買ったわ」が適切。

２番　太郎「やあ，サリー。今日はうれしそうだね」→サリー「実は，私たちに良い知らせがあるの」→太郎「それは何？」より，イ「私たちのお気に入りの歌手が私たちの街に来るの」が適切。

問題３　【放送文の要約】参照。

１番　「聡太はなぜシドニーへ行くのですか？」…ア「家族に会いに行くため」が適切。

２番　「ジェーンはシドニーでの聡太の計画について何と言っていますか？」…ウ「聡太は海に泳ぎに行くべきではない」が適切。

３番　「なぜ聡太はジェーンの考えが好きなのですか？」…エ「彼は家族と話すことができ，美しい海を一緒に見ることができます」が適切。

【放送文の要約】

聡太　　：ジェーン，ちょっと聞いてよ！僕はこの夏オーストラリアに行くんだ。

ジェーン：いいわね！

聡太　　：姉がシドニーで英語を勉強しているよ。₁番ア父と僕は姉に会いに行くんだ。

ジェーン：なるほど。楽しんできてね。

聡太　　：ありがとう。僕はそこで姉とたくさんの時間を過ごしたいんだ。今，姉と海に泳ぎに行く予定を立てているよ。

ジェーン：₂番ウそれはやめた方がいいと思うわ。とても寒くて泳げないよ。あなたがシドニーにいるときは冬だわ。

聡太　　：ああ，それじゃあだめだね。シドニーは美しい海で有名だから泳ぎたかったよ。

ジェーン：それじゃあ，海岸沿いを歩くのはどう？お姉さんと話したり，きれいな海を見たりして楽しむことができるわ。あなたのお父さんもお姉さんとたくさん話をしたがっていると思うわ。

聡太　　：君の考えが気に入ったよ！₃番エ僕たちは一緒に話しながら美しい海を見ることができるね。ありがとう，ジェーン。

問題４　彩が家ですることを考えて答える。ジャック「彩，明日は雨みたいだね」→彩「それじゃあ，山には行けないわ。明日は家にいるわ」→ジャック「何をするつもりなの？」→彩「(例文)部屋を掃除するつもりよ」

解答例

問題A No.1. A.正 B.誤 C.誤

　　　 No.2. A.誤 B.正 C.誤

　　　 No.3. A.正 B.誤 C.正

問題B No.1. 質問1…D 質問2…C

　　　 No.2. A

問題C ①Saturday　②shopping

問題D （例文）My friends make me happy because they are very kind to me.

解説

問題A

No.1 A○「私たちはコーヒーを飲むためにこれを使うことができる」　B×「部屋を掃除するとき，いつもこれが使われる」　C×「すべての日本人が毎日これを買う」

No.2 A×「少年は犬と散歩している」　B○「晴れていて雨が降っていない」　C×「少女は学校へ向かって自転車に乗っている」

No.3 A○「太郎の学校では，サッカーはテニスよりも人気がある」　B×「太郎の学校では，野球がすべての中で最も人気がある」　C○「太郎の学校では，バスケットボールはテニスと同じくらい人気がある」

問題B 【放送文の要約】参照。

No.1 質問1　「どれが正しいですか？」

　　　 質問2　「ベッキーは何をしますか？」

No.2　「郵便局はどこですか？」

【放送文の要約】

No.1

A：ユキオ，ジムは来月日本を離れるそうね。知ってた？

B：うん，ベッキー。質問1D 昨日僕は彼のためにプレゼントを買ったよ。そして彼はそれについて知らないんだ。

A：何を買ったの？

B：ジムと僕はサッカーチームのメンバーなので，サッカーボールを買ったよ。僕たちは7歳の時から一緒にサッカーを練習しているんだ。

A：それはすごいわ。あなたとジムは親友だと聞いたもの。私も彼にプレゼントをあげるべきだと思うわ。

B：じゃあ，質問2C Tシャツはどう？

A：質問2C いいわね。ジムは私たちにとても親切にしてくれたわ。彼がいなくなったら寂しいわ。

B：僕も彼がいなくなったら寂しいよ。

No.2

A：こんにちは，マサヤ。助けてくれない？郵便局にはどうやって行くの？

B：こんにちは，グリーン先生。わかりました，僕がお手伝いします。それでは，A 駅へ行く通りを進んでください。左側に書店があります。

A：ああ，その書店なら知っているわ。A 公園の近く？

B：A そうです。書店のところで左折してください。次に直進し，花屋のところで右折してください。左側に郵便局があります。

A：ありがとう。

問題C 【放送文の要約】参照。

【放送文の要約】

A：こんにちは，トム。

B：やあ，由美子。今週末の予定はある？

A：うん，日曜日に祖父の家に行くわ。どうして？

B：えっと，映画「1番幸せなパンダ」を見たいんだ。一緒に見れない？

A：いいわね。私も見たいし，エミリーと一緒に見たいと思っていたの。ああ，みんなで一緒に行かない？

B：わかった。いいよ。

A：①土曜日（＝Saturday）の朝はどう？エミリーと私は午後に②買い物（＝shopping）に行く予定があるの。

B：わかった。映画は10時20分に始まるから，駅で10時頃に会おう。

A：それはいいわね。私たちの計画について，あとで彼女に伝えておくわ。

問題D 【放送文の要約】参照。

下線部への答えを英語で書く。　・make＋人＋状態「（人）を（状態）にする」

（例文の訳）「友達は私にとても親切なので，彼らは私を幸せにします」

【放送文の要約】

こんにちは。ジェシカです。私は富山にALTとして3年間住んでいます。生徒たちに英語を教えることができてうれしいです。彼らは富山の面白いことを教えてくれます。今，私は2つの質問があります。何があなたを幸せにしますか？そしてそれはなぜですか？

実践問題C

解答例

《その1》1．ウ　2．イ　3．エ　4．ア
《その2》イ
《その3》1．イ　2．ウ　3．エ
　　　　　4．I want to join the basketball team.

解説

《その1》1　質問「ケンタは何を説明しましたか？」
…A「ケンタ，どうやってこれを使うの？」→B「夏に窓のそばに設置するよ。僕らはその音を楽しむんだ」→A「いいね」より，ウが適当。　2　質問「ボブの時計はどこにありますか？」…A「ボブ，あなたのベッドの下で時計を見つけたよ」→B「ありがとう，お母さん。今，どこにあるの？」→A「あなたの部屋の机の上にあるよ」より，イが適当。　3　質問「今朝バスは何時に来ましたか？」…A「スミス先生，遅くなってすみません」→B「何があったの，デイビッド？」→A「僕はいつも7時50分のバスに乗りますが，今日はバスが遅れていました」→B「バス停でどれくらい待ったの？」→A「10分ほど待たなければなりませんでした」より，エが適当。　4　質問「その女の子は妹にどのTシャツを買いますか？」…A「すみません，私は妹へのプレゼントを買いたいです」→B「このTシャツはいかがですか？黒は22ドル，白は18ドルです」→A「20ドルしか持っていません。妹は花のプリントを気に入ると思います。それにします」より，アが適当。

《その2》【放送文の要約】参照。イ「試合に参加すること」が適当。

【放送文の要約】

やあ健，ジョンだよ。君の助けが必要なんだ。今週の日曜日に野球の試合があるんだけど，1人の選手が試合に来れないんだ。一緒にプレーできる人を探しているよ。君は野球が好きだと聞いたよ。もし試合に来れるなら，僕に電話してよ。

《その3》【放送文の要約】参照。1　質問1「トムはテニス部に所属していますか？」…イ「いいえ，彼は所属していません」が適当。　2　質問2「トムはアメリカでいくつのスポーツをしていましたか？」…ウ「3つ」が適切。　3　質問3「カナは高校のコーラス部で何をしますか？」…エ「より上手に歌うために一生懸命練習する」が適切。

4　Which club do you want to join?に5語以上の英語で答える。　（例文）「私はバスケットボール部に入りたいです」

【放送文の要約】

A：トム，部活に興味はある？

B：1ィ昨日は2つの部活動を見たけど，まだ決めてないよ。

A：どうだった？

B：バレーボール部は大変そうで，テニス部は楽しそうだったよ。

A：じゃあ，テニス部に興味があるんだね？

B：うん，でもテニスをしたことがないから心配だよ。

A：新しいことに挑戦するべきだよ。高校で新しいことを始めるのはいいことだよ。

B：そうだね。

A：君はアメリカで部活をやっていたの？

B：アメリカでは，シーズンごとに違うスポーツをすることが多いよ。2ゥ秋はサッカー，冬はバスケットボール，春は野球をしたよ。

A：本当に？それを聞いて驚いたよ。

B：じゃあ，香菜はどんな部活に興味があるの？

A：合唱部に興味があるよ。私は他の人と歌うのが好きなの。3ェ歌唱力を上げるために，一生懸命練習したいよ。

B：いいね。部活を選ぶ前にもっとたくさん見たいな。

A：あなたはどう？4あなたはどのクラブに入りたい？

高校入試対策

英語リスニング 練習問題

解 答 集

contents

※問題は別冊です

入試本番に向けて

入試本番までにしておくこと

入試本番までに志望校の過去問を使って出題パターンを把握しておこう。英語リスニング問題は学校ごとに出題傾向があります。受験する学校の出題パターンに慣れておくことが重要です。

リスニング開始直前のチェックポイント

音声が流れるまでに問題文全体にざっと目を通そう。それぞれの問題で話題となる場面や登場人物をチェックしておこう。

✅ イラストを check！

英語リスニング問題ではイラストやグラフが使われることが多くあります。イラストなら**共通点と相違点を見つけて**，放送される事がらを予想しておこう。グラフなら**たて軸とよこ軸が何を表しているか**を見ておこう。

✅ 選択肢を check！

英文を選ぶ問題では，選択肢の登場人物，場所，日時などを事前に見つけ出して○やアンダーラインなどの"しるし"をつけておこう。また，選択肢の共通点と相違点を見つけて質問を予想しておこう。

✅ 数字表現を check！

英語リスニング問題で必ず出題されるのが数字表現です。問題に数を表したイラストや時間を表す単語などがあるときは，数字を意識して解く問題だと予想しておこう。あらかじめ，問題文の英単語を数字に置きかえてメモしておく（fifteen → 15）とよい。

リスニング本番中の心構え

✅ メモにとらわれない！

英語リスニング問題ではほとんどの場合，「放送中にメモを取ってもかまいません。」という案内があります。特に，長文を聴き取らなくてはならないときはメモは不可欠です。ただし，メモを取るときに注意すべきことがあります。それは，**メモを取ることに集中しすぎて音声を聴き逃さない**ことです。○やアンダーラインなど自分がわかる"しるし"をうまく活用して，「聴く」ことから気をそらさないようにしよう。

✅ 2回目は聴き方を変える！

放送文が1回しか読まれない入試問題もありますが，多くの場合は質問も含めて2回繰り返して読まれます。2回繰り返して読まれるときは，1回目と2回目で聴き方を変えます。1回目は状況や場面を意識し，（質問が先に放送される場合は，）2回目は質問に合う答えを出すことを意識しよう。1回目で答えがわかったときは，2回目は聴き違いがないか消去法を使って確実に聴き取ろう。

この解答集の特長と使い方

問題を解き終えたら，基本問題集（別冊）P1 ～ P2 の手順で答え合わせと復習をしよう。
解答集の左側のページにある QR コードを読み取ると，そのページの**さらに詳しい解説**を見ることができます。

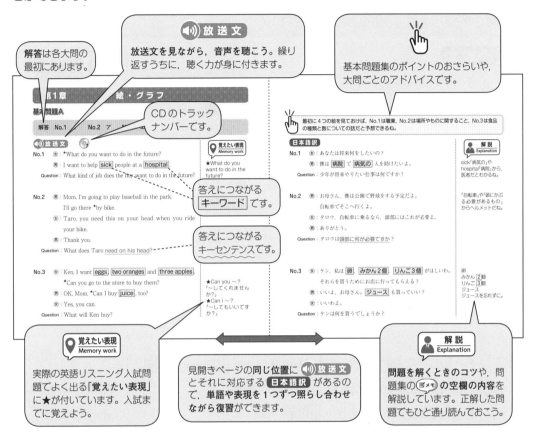

 **まとめ** （P37 ～ 38）

「覚えたい表現」をおさらいしておこう。
このページの QR コードを読み取ると，グループ分けした「**覚えたい表現**」を見ることができます。

◀)) 聞き違いをしやすい表現 （P39）
Easy to mistake

「聞き違いをしやすい表現」を知っておこう。
このページの音声はＣＤや教英出版ウェブサイトで聴くことができます。

もっと **リスニング力** をつけるには

◀) 音声に合わせてシャドーイング（発音）してみよう！
正しい発音ができるようになると聴く力もぐんと上がります。まずは自分のペースで放送文を声に出して読んでみよう。次に音声に合わせて発音していこう。最初は聴こえたまま声に出し，慣れてきたら正しい発音を意識しよう。繰り返すうちに，おのずと正しい発音を聴き取る耳が鍛えられます。

◀) 音声を聴きながらディクテーション（書き取り）してみよう！
聴こえた英文を書き取る練習をしよう。何度も聴いて文が完成するまでトライしよう。聴き取れなかった単語や文がはっきりするので，弱点の克服につながります。また，英語を書く力も鍛えられます。

第1章　　　絵・グラフ

基本問題A

解答　No.1　イ　　No.2　ア　　No.3　エ

 放送文

No.1　⟨女⟩：★What do you want to do in the future?

　　　　⟨男⟩：I want to help sick people at a hospital.

　　Question：What kind of job does the boy want to do in the future?

No.2　⟨男⟩：Mom, I'm going to play baseball in the park.

　　　　　　I'll go there ★by bike.

　　　　⟨女⟩：Taro, you need this on your head when you ride your bike.

　　　　⟨男⟩：Thank you.

　　Question：What does Taro need on his head?

No.3　⟨女⟩：Ken, I want eggs, two oranges and three apples.

　　　　　　★Can you go to the store to buy them?

　　　　⟨男⟩：OK, Mom. ★Can I buy juice, too?

　　　　⟨女⟩：Yes, you can.

　　Question：What will Ken buy?

> **覚えたい表現**
> Memory work
>
> ★What do you want to do in the future?
> 「あなたは将来何をしたいですか？」
>
> ★by bike
> 「自転車で」
>
> ★Can you ～？
> 「～してくれませんか？」
> ★Can I ～？
> 「～してもいいですか？」

基本問題B

解答　No.1　ア　　No.2　イ　　No.3　ア　　No.4　イ

No.1　A man is ★looking at a clock on the wall.

　　Question：Which person is the man?

No.2　It was snowing this morning, so I couldn't go to school by bike. I ★had to walk.

　　Question：How did the boy go to school this morning?

>  **覚えたい表現**
> Memory work
>
> ★look at ～
> 「～を見る」
>
> ★have to ～
> 「～しなければならない」

最初に4つの絵を見ておけば，No.1は職業，No.2は場所やものに関すること，No.3は食品の種類と数についての話だと予想できるね。

日本語訳

No.1　㊛：あなたは将来何をしたいの？
　㊚：僕は 病院 で 病気の 人を助けたいよ。
Question：少年が将来やりたい仕事は何ですか？

No.2　㊚：お母さん，僕は公園で野球をする予定だよ。
　自転車でそこへ行くよ。
　㊛：タロウ，自転車に乗るなら，頭部にはこれが必要よ。
　㊚：ありがとう。
Question：タロウは頭部に何が必要ですか？

No.3　㊛：ケン，私は 卵，みかん2個，りんご3個 がほしいわ。
　それらを買うためにお店に行ってもらえる？
　㊚：いいよ，お母さん。ジュース も買っていい？
　㊛：いいわよ。
Question：ケンは何を買うでしょうか？

解説 Explanation

sick「病気の」やhospital「病院」から，医者だとわかるね。

「自転車」や「頭にかぶる必要があるもの」からヘルメットだね。

卵
みかん 2個
りんご 3個
ジュース
ジュースを忘れずに。

4つの絵を見比べて，メモする内容を予想できたかな？ No.1は男性がしていること，No.2は天気と移動手段，No.3は少年の体調，No.4は時刻だね。

日本語訳

No.1　男性が 壁 の 時計 を見ています。
Question：その男性はどの人ですか？

No.2　今朝は 雪が降って いたので，私は学校に自転車で行けませんでした。私は歩かなければなりませんでした。
Question：その少年は今朝，どうやって学校へ行きましたか？

解説 Explanation

clock「掛け時計／置き時計」より，**ア**だね。

“snowing”, “walk”が聞き取れれば，**イ**とわかるね。

No.3　(女)：★What's the matter?

　　　　(男)：Well, I've had a stomachache since this morning.
　　　　　　　I didn't have it ★last night.

　　　　(女)：That's too bad. Are you all right?

　　Question：When did the boy have a stomachache?

> **覚えたい表現**
> **Memory work**
>
> ★What's the matter?「どうしたの？」
> ★last night「昨夜」

No.4　(女)：Good morning, Kanta. Did you sleep well last night?

　　　　(男)：Yes, Judy. I ★went to bed at eleven last night and ★got
　　　　　　　up at seven this morning .

　　　　(女)：Good. I could only sleep ★for six hours.

　　Question：What time did Kanta get up this morning ?

> **覚えたい表現**
> **Memory work**
>
> ★go to bed「寝る」
> ★get up「起きる」
> ★for ～（期間を表す言葉）「～の間」

練習問題A

解答　No.1　ア　　No.2　エ　　No.3　ア　　No.4　ウ

 放送文

No.1　(女)：Ah, I hope it will ★stop raining soon.

　　　　(男)：It was sunny yesterday.

　　　　(女)：Yes. But the TV says we will have snow this
　　　　　　　afternoon.

　　　　(男)：Really? ★How about tomorrow ?

　　　　(女)：It will be cloudy.

　　Question：How will the weather be tomorrow ?

> **覚えたい表現**
> **Memory work**
>
> ★stop ～ing
> 「～することをやめる」
>
> ★How about ～?
> 「～はどうですか？」

No.2　(男)：★Thank you for giving me a birthday present, Mary.
　　　　　　　I like the bag very much.

　　　　(女)：I'm happy you like it, Kenta.
　　　　　　　Oh, you're wearing a nice T-shirt today.

　　　　(男)：This is a birthday present from my sister.
　　　　　　　And my mother made a birthday cake ★for me.

　　　　(女)：Great. But you wanted a computer, right?

　　　　(男)：Yes, I got one from my father !

　　Question：What did Kenta get from his father ?

> **覚えたい表現**
> **Memory work**
>
> ★Thank you for ～ ing.
> 「～してくれてありがとう」
>
> ★for ～（対象を表す言葉）「～のために」

No.3　㊛：どうしたの？

　　　㊚：うーん，今朝からずっとお腹が痛いんです。

　　　　　昨夜は痛くなかったのですが。

　　　㊛：それは大変ね。大丈夫？

　　Question：少年はいつお腹が痛かったですか？

昨夜
お腹が痛くない。
今朝
お腹が痛い。

No.4　㊛：おはよう，カンタ。昨夜はよく眠れた？

　　　㊚：うん，ジュディ。昨夜は11時に寝て，今朝は7時に起きたよ。

　　　㊛：いいね。私は6時間しか眠れなかったわ。

　　Question：カンタは今朝何時に起きましたか？

質問に
this morning「今朝」
とあるから起きた時
刻の午前7時だね。

No.1は天気，No.2は誕生日プレゼント，No.3は時刻，No.4はクラスのアンケート結果について メモしよう。No.3は計算が必要だね。

日本語訳

No.1　㊛：ああ，すぐに雨が止んでほしいわ。

　　　㊚：昨日は晴れていたのに。

　　　㊛：ええ。でもテレビによると，今日の午後は雪らしいわ。

　　　㊚：本当に？明日はどう？

　　　㊛：くもりらしいわ。

　　Question：明日の天気はどうですか？

昨日：晴れ
現在：雨
今日午後：雪
明日：くもり
質問はtomorrow
「明日」だからくもり
だね。

No.2　㊚：誕生日プレゼントをありがとう，メアリー。

　　　　　バッグをとても気に入ったよ。

　　　㊛：気に入ってくれてよかったわ，ケンタ。

　　　　　あら，今日は素敵なTシャツを着ているわね。

　　　㊚：これは姉（妹）からの誕生日プレゼントなんだ。

　　　　　母も僕のために誕生日ケーキを作ってくれたんだ。

　　　㊛：すてき。でもあなたはパソコンがほしかったんでしょ？

　　　㊚：そうだよ，父からもらったよ！

　　Question：ケンタは父から何をもらいましたか？

メアリー：バッグ
姉（妹）：Tシャツ
母：誕生日ケーキ
父：パソコン
質問はfather「父」か
らもらったものだか
ら，パソコンだね。

No.3 (女)： The movie will start at 11:00.

★What time shall we meet tomorrow, Daiki?

(男)： How about meeting at the station at 10:30, Nancy?

(女)： Well, I want to go to a bookstore with you before the movie starts. Can we meet earlier?

(男)： All right. Let's meet at the station fifty minutes before the movie starts.

(女)： OK. See you tomorrow!

Question： What time will Daiki and Nancy meet at the station?

覚えたい表現
Memory work

★What time shall we meet?
「何時に待ち合わせ ようか？」

No.4 (女)： Tsubasa, look at this!

We can see the most popular sports in each class.

(男)： Soccer is ★the most popular in my class, Mary.

(女)： Soccer is popular in my class, too.
But volleyball is more popular.

(男)： I see. And many of my classmates want to play softball.
I want to try it, too!

(女)： Really? ★No students in my class want to play softball.

Question： Which is Mary's class?

★the＋最上級＋in ＋○○
「○○の中で最も…」

★no＋人
「(人)が1人もいない」

練習問題B

解答	No.1 ア	No.2 ウ	No.3 ア	No.4 ウ

 放送文 (CD)4

No.1 (女)： Kota, what a nice room!

(男)： Thank you! Do you know what this is, Judy?

(女)： No. ★I've never seen it before. Is it a table?

(男)： Yes, but this is not just a table.
This also ★keeps us warm in winter.

Question： What are they talking about?

覚えたい表現
Memory work

★I've never ～ .
「私は一度も～したこ とがない」

★keep＋人／もの ＋状態「(人／もの) を(状態)に保つ」

No.3　(女)：映画は11時に始まるわ。

明日は何時に待ち合わせようか，ダイキ？

(男)：10時半に駅で待ち合わせるのはどう，ナンシー？

(女)：そうねぇ，私は映画が始まる前にあなたと書店に行きたいわ。
もっと早く待ち合わせできる？

(男)：いいよ。映画が始まる50分前に駅で会おう。

(女)：わかったわ。また明日ね！

Question：ダイキとナンシーは何時に駅で待ち合わせますか？

解説
Explanation

11時に映画が始まる。その50分前に待ち合わせるから，**ア**の「10時10分」だね。fifty「50」は前にアクセント，fifteen「15」は後ろにアクセントがあるよ。

No.4　(女)：ツバサ，これを見て！

それぞれのクラスで1番人気のあるスポーツがわかるわ。

(男)：僕のクラスではサッカーが1番人気だね，メアリー。

(女)：サッカーは私のクラスでも人気よ。
でも，バレーボールの方がもっと人気だわ。

(男)：そうだね。それから，僕のクラスメートの多くはソフトボールをやりたいようだよ。僕もやってみたいな！

(女)：本当？私のクラスではソフトボールをやりたい生徒はいないわ。

Question：メアリーのクラスはどれですか？

ツバサのクラス：
サッカーが1位
ソフトボールが人気

メアリーのクラス：
サッカーよりバレーボールが人気
ソフトボールが0人

グラフの問題の音声を聞くときは，1番多い(少ない)もの，増加，減少などをメモしよう。
消去法も有効だよ。

日本語訳

No.1　(女)：コウタ，何て素敵な部屋なの！

(男)：ありがとう！これは何か知ってる，ジュディ？

(女)：いいえ。一度も見たことがないわ。テーブルかしら？

(男)：そうだよ，でもこれはただのテーブルではないんだ。
これは冬に僕らを温めてもくれるんだ。

Question：彼らは何について話していますか？

解説
Explanation

ただのテーブルではなく，温めてくれるもの→「こたつ」だね。

← さらに詳しい解説

No.2　男：Kate, this is a picture of our music band.

We played some songs at the *school festival this year.

It was a wonderful time for us!

女：You *look excited, Hiroshi.

Who is the student playing the guitar *next to you?

男：He is Ryosuke. He plays the guitar well, and the other student playing the guitar is Taro.

女：I see. The student playing the drums is Takuya, right?

*I hear he *is good at singing, too.

Question：Which boy is Hiroshi?

★school festival
「学園祭」
★look ～
「～のように見える」
★next to ～
「～のとなりに」

★I hear (that) ～.
「～だそうだ」
★be good at ～ ing
「～することが得意だ」

No.3　It was interesting to know what activity you enjoyed the best in my English class.

I *was glad to know that *over ten students chose *making speeches. Eight students chose reading stories, and *the same number of students chose writing diaries.

Maybe you can guess the most popular activity among you. It was listening to English songs.

I hope you will *keep enjoying English.

Question：Which graph is the speaker explaining?

★be glad to ～
「～してうれしい」
★over ～「～以上」
★make a speech
「スピーチをする」
★the number of ～
「～の数」

★keep ～ ing
「～し続ける」

No.4　Look at the graph.

This is a graph of the number of visitors to the art museum which was built in 2014 in our city.

The number kept *going up until 2016.

But the next year, it *went down 20%.

The numbers in 2017 and 2018 were the same.

Question：Which graph is the speaker explaining?

★go up「増加する」

★go down
「減少する」

No.2　男：ケイト，これは僕らの音楽バンドの写真だよ。

　　　　僕らは今年学園祭で何曲か演奏したんだ。

　　　　僕らにとってすばらしい時間だったよ！

　　　女：興奮しているようね，ヒロシ。

　　　　あなたのとなりでギターを弾いているのは誰？

　　　男：彼はリョウスケだよ。彼はギターが上手なんだ，そしてもう１人，ギターを弾いているのがタロウだよ。

　　　女：そうなの。ドラムをたたいているのはタクヤね？

　　　　彼は歌も上手だそうね。

　　Question：どの少年がヒロシですか？

No.3　私の英語の授業の中で，みなさんが何の活動を一番楽しんだかがわかって興味深かったです。

　　　私は，10人以上の生徒がスピーチをすることを選んでくれたと知って，うれしく思いました。8人の生徒が物語を読むことを選び，同じ人数の生徒が日記を書くことを選びました。

　　　みなさんのあいだで一番人気があったものはたぶん想像がつくと思います。

　　　英語の歌を聞くことでした。

　　　これからもずっと英語を楽しんでほしいです。

　　Question：話し手が説明しているのはどのグラフですか？

No.4　グラフを見て下さい。

　　　これは，2014年に私たちの市に建てられた美術館の，来場者数のグラフです。

　　　その数は2016年まで増加し続けました。

　　　しかし，次の年に20％減少しました。

　　　2017年と2018年は同数でした。

　　Question：話し手が説明しているのはどのグラフですか？

解 説
Explanation

ギター：
リョウスケとタロウ
ドラム：タクヤ
ヒロシはリョウスケのとなりにいる**ウ**だね。

音声を聞く前にグラフの項目名を見ておこう。
スピーチ：10人以上
物語：8人
日記：物語と同じ人数
英語の歌：最も人気

これらの情報から**ア**を選べるね。

増減に着目しよう。
「2016年まで増加」
「2017年と2018年は同数」より，**ウ**だね。

第2章　　次の一言

基本問題

解答　No.1　イ　　No.2　ウ　　No.3　イ　　No.4　ア

🔊 放送文　💿⑤

No.1　㊛：★Have you ever been to a foreign country?

　　　　㊚：Yes. I went to Australia last year.

　　　　㊛：Oh, I see. <u>How long did you stay there?</u>

> ア　By plane.　　㋑ **For six days.**　　ウ　With my family.

📍 **覚えたい表現**
Memory work

★Have you ever
been to 〜?
「〜に行ったことが
ありますか?」

No.2　㊛：★May I help you?

　　　　㊚：Yes, I'm ★looking for a blue jacket.

　　　　㊛：<u>How about this one?</u>

> ア　Here you are.　イ　I'm just looking.　㋒ **It's too expensive for me.**

★May I help you?
「お手伝いしましょ
うか?／いらっしゃ
いませ」
★look for 〜
「〜を探す」

No.3　㊛：★What are you going to do this weekend?

　　　　㊚：<u>I'm going to ★go fishing in the sea with my father</u>
　　　　　　<u>if it's sunny.</u>

　　　　㊛：Really? That will be fun.

> ア　Sorry, I'm busy.　㋑ **I hope the weather will be nice.**
> ウ　Nice to meet you.

★What are you
going to do?
「何をするつもりです
か?」
★go fishing
「釣りに行く」

No.4　㊛：Hello.

　　　　㊚：Hello, this is Mike. ★May I speak to Yoko?

　　　　㊛：I'm sorry. <u>She isn't at home now.</u>

> ㋐ **OK. I'll call again later.**　イ　Shall I take a message?
> ウ　Hello, Yoko. How are you?

★May I speak to 〜?
「(電話で)〜さんを
お願いできますか?」

最後の英文をメモできたかな。質問ならばそれに合う答えを選び，質問でなければ，話の流れから考えよう。消去法も有効だよ。

日本語訳

解 説
Explanation

No.1 　(女)：外国に行ったことはある？

　　　　(男)：うん。去年，オーストラリアに行ったよ。

　　　　(女)：あら，そうなの。<u>そこにはどれくらい滞在したの？</u>

　ア　飛行機だよ。　(イ)　6日間だよ。　ウ　家族と一緒にだよ。

最後の英文
How long 〜?
「(期間をきいて)どれくらい〜？」より，返答はFor 〜.
「〜間です」だね。

No.2 　(女)：お手伝いしましょうか？

　　　　(男)：はい，青いジャケットを探しています。

　　　　(女)：<u>こちらはいかがですか？</u>

　ア　はい，どうぞ。　イ　見ているだけです。　(ウ)　私には値段が高すぎます。

最後の英文
How about this one?
「こちらはいかがですか？」より，返答はウだね。

No.3 　(女)：この週末は何をするつもりなの？

　　　　(男)：<u>晴れたら，父と海に釣りに行くつもりだよ。</u>

　　　　(女)：本当に？それは楽しそうね。

　ア　ごめん，僕は忙しいんだ。　(イ)　天気が良いことを願うよ。
　ウ　会えてうれしいよ。

最後の英文が質問ではない。その前に「晴れたら…」と言っているので，話の流れからイだね。

No.4 　(女)：もしもし。

　　　　(男)：もしもし，マイクです。ヨウコさんをお願いできますか？

　　　　(女)：ごめんね。<u>彼女は今家にいないわ。</u>

　(ア)　わかりました。あとでかけ直します。　イ　伝言を預かりましょうか？
　ウ　やあ，ヨウコ。元気？

電話で相手が不在だった場合，電話をかけた側がよく使う表現を選ぶよ。ふさわしいのはアだね。

練習問題

解答　No.1　エ　　No.2　ウ　　No.3　イ　　No.4　ア

🔊 放 送 文　💿6

No.1　(男)：Hello?

　　　　(女)：This is Natsuki. May I speak to Jim, please?

　　　　(男)：I'm sorry, but *you have the wrong number.

> ア　I don't know your phone number.
> イ　I see. Do you want to leave a message?
> ウ　Can you ask him to call me?
> (エ)　I'm so sorry.

覚えたい表現
Memory work

★You have the wrong number.
「番号が違っています」

No.2　(男)：Have you finished cooking?

　　　　(女)：No. *I've just washed the tomatoes and carrots.

　　　　(男)：OK. Can I help you?

> ア　Sorry. I haven't washed the tomatoes yet.
> イ　I don't think so. Please help me.
> (ウ)　Thanks. Please cut these carrots.
> エ　All right. I can't help you.

★I've just＋過去分詞.
「ちょうど〜したところだ」

No.3　(女)：It's so hot today. Let's have something to drink.

　　　　(男)：Sure. I know a good shop. It *is famous for fruit juice.

　　　　(女)：Really? *How long does it take to get there from here by bike?

> ア　Ten o'clock in the morning.　(イ)　Only a few minutes.
> ウ　Four days a week.　エ　Every Saturday.

★be famous for 〜
「〜で有名である」
★How long does it take to 〜?
「〜するのにどれくらい時間がかかりますか？」

No.4　(男)：Whose notebook is this? *There's no name on it.

　　　　(女)：Sorry, Mr. Jones. It's mine.

　　　　(男)：Oh, Ellen. You should write your name on your notebook.

> (ア)　Sure. I'll do it now.　イ　No. I've never sent him a letter.
> ウ　Yes. You found my name on it.　エ　Of course. I finished my homework.

★There is no 〜 .
「〜がない」

最後の英文を聞き取って，メモできたかな？質問や提案に対する受け答えを注意深く選ぼう。

日本語訳

No.1　男：もしもし？

　　　女：ナツキです。ジムさんをお願いできますか？

　　　男：すみませんが，番号が違っています。

ア	私はあなたの電話番号を知りません。
イ	わかりました。伝言を残したいですか？
ウ	私に電話するよう彼に伝えてくれますか？
(エ)	失礼しました。

男性の「番号が違っています」に対して，エ「失礼しました」以外は不適切だね。

No.2　男：料理は終わった？

　　　女：いいえ。ちょうどトマトとニンジンを洗ったところよ。

　　　男：よし，手伝おうか？

ア	ごめん。私はまだトマトを洗い終えていないの。
イ	そうは思わないわ。私を手伝って。
(ウ)	ありがとう。ニンジンを切って。
エ	わかったわ。私は手伝えないわ。

男性の提案「手伝おうか？」に対して，ウ「ありがとう。ニンジンを切って」以外は不適切だね。

No.3　女：今日はとても暑いわ。何か飲みましょう。

　　　男：いいね。いい店を知っているよ。フルーツジュースで有名なんだ。

　　　女：本当に？自転車でそこに行くのにどれくらい時間がかかるの？

ア	午前10時だよ。	(イ)	ほんの数分だよ。
ウ	週に4日だよ。	エ	毎週土曜日だよ。

How long does it take to ～？「～するのにどれくらい時間がかかりますか？」に対して，イ Only a few minutes.「ほんの数分」以外は不適切だね。

No.4　男：これは誰のノートかな？名前が書いてないな。

　　　女：すみません，ジョーンズ先生。私のです。

　　　男：おお，エレン。ノートには自分の名前を書いておくべきだよ。

(ア)	わかりました。すぐにそうします。
イ	いいえ。彼に手紙を送ったことはありません。
ウ	はい。あなたはそこに私の名前を見つけましたよね。
エ	もちろんです。私は宿題を終えました。

先生から「ノートには自分の名前を書いておくべきだよ」と言われたことに対して，ア「わかりました。すぐにそうします」以外は不適切だね。

← さらに詳しい解説

第３章　　対話や英文と質問（１つ）

基本問題

解答　No.1　エ　　No.2　ア　　No.3　ウ

 放送文 ⓸7

覚えたい表現
Memory work

No.1　Mike finished his homework.

He was very hungry.

His mother said, "Dinner *is ready.

Please *tell Dad to come to the dining room."

So he went to his father.

Question：What is Mike's mother going to do?

> ア　She is going to do Mike's homework with her husband.
> イ　She is going to cook dinner in the dining room.
> ウ　She is going to go to the dining room with Mike.
> エ　**She is going to eat dinner with her husband and Mike.**

★be ready
「準備ができている」
★tell＋人＋to ～
「（人）に～するように言う」

No.2　㊛：Tom, how's the pizza?

㊚：It's delicious, Lisa. I like your pizza very much.

㊛：Thank you. *Would you like some more?

Question：What will Tom say next?

> ⑦　**Yes, please. I want more.**　　イ　Help yourself, Lisa.
> ウ　I'm sorry. I can't cook well.　　エ　Of course. You can take it.

★Would you like some more?
「もう少しいかが？」
（食べ物などを勧めるときの表現）

No.3　㊛：I want this black pen . *How much is it?

㊚：Now we're having a sale. It's 1,500 yen this week.

㊛：I'll take it. It's a birthday present for my father.

Question：Where are they?

> ア　They are in the nurse's office.　　イ　They are in the library.
> ⑰　**They are at a stationery shop.**　　エ　They are at a birthday party.

★How much ～？
「～はいくらですか？」

選択肢を読み比べておくと，誰の何について質問されるかをある程度予想できるよ。対話を聞きながら，人の名前や行動などをメモしよう。

日本語訳

No.1　マイクは宿題を終えました。

彼はとてもお腹がすいていました。

母親が言いました。「夕食の準備ができたわ。

お父さんにダイニングに来るように言って」

それで彼は父親のところに行きました。

Question：マイクの母親は何をするつもりですか？

ア　彼女は夫と一緒にマイクの宿題をするつもりです。
イ　彼女はダイニングで夕食を作るつもりです。
ウ　彼女はマイクとダイニングに行くつもりです。
エ　**彼女は夫とマイクと一緒に夕食を食べるつもりです。**

No.2　⊛：トム，ピザはどう？

　　　⊛：おいしいよ，リサ。僕は君のピザが大好きだよ。

　　　⊛：ありがとう。もう少しいかが？

Question：トムは次に何を言うでしょうか？

ア　**うん，お願い。もっとほしい。**　　イ　自由に取ってね，リサ。
ウ　ごめん。うまく料理できないんだ。　　エ　もちろん。取っていいよ。

No.3　⊛：私はこの　黒いペン　を買いたいです。おいくらですか？

　　　⊛：ただいまセール中です。今週は1500円です。

　　　⊛：それをいただきます。父への誕生日プレゼントなんです。

Question：彼らはどこにいますか？

ア　彼らは保健室にいます。　　イ　彼らは図書館にいます。
ウ　**彼らは文具店にいます。**　　エ　彼らは誕生日会にいます。

解説 Explanation

マイク：宿題が終わった。おなかがすいた。父親を呼びに行く。
母親：夕食の準備ができた。
つまり，これから3人で夕食を食べるので，エだね。

リサがトムに「もう少しいかが？」と勧めているので，アだね。

黒いペンを売っている店だから，ウのstationery shop「文具店」だね。

練習問題

 放 送 文　　

覚えたい表現
Memory work

No.1　男：I'm going to buy a birthday present for my sister. Lisa, can you go with me?

女：Sure, Ken.

男：★Are you free tomorrow?

女：Sorry, I can't go tomorrow. When is her birthday?

男：Next Monday. Then, how about this Saturday or Sunday?

女：Saturday is fine with me.

男：Thank you.

女：What time and where shall we meet?

男：How about at eleven at the station?

女：OK. See you then.

Question：When are Ken and Lisa going to buy a birthday present for his sister?

ア　This Saturday.　イ　This Sunday.　ウ　Tomorrow.　エ　Next Monday.

★Are you free?
「（時間が）空いている？」

No.2　女：Hello?

男：Hello. This is Tom. Can I speak to Eita, please?

女：Hi, Tom. I'm sorry, he ★is out now.
Do you ★want him to call you later?

男：Thank you, but I have to go out now. ★Can I leave a message?

女：Sure.

男：Tomorrow we are going to do our homework at my house. ★Could you ask him to bring his math notebook?
I have some questions to ask him.

女：OK, I will.

Question：What does Tom want Eita to do?

ア　To do Tom's homework.　イ　To bring Eita's math notebook.
ウ　To call Tom later.　エ　To leave a message.

★be out
「外出している」
★want＋人＋to ～
「（人）に～してほしい」
★Can I leave a message?
「伝言をお願いできますか？」

★Could you ～?
「～していただけませんか？」

音声を聞く前に選択肢を読み比べて，質問される人や内容を考えておこう。対話が長いので，ポイントをしぼってメモをとろう。

日本語訳

No.1 男：姉（妹）の誕生日プレゼントを買おうと思っているんだ。リサ，一緒に来てくれない？

女：いいわよ，ケン。

男：明日は空いてる？

女：ごめんね，明日は行けないわ。彼女の誕生日はいつ？

男：次の月曜日だよ。じゃあ，<u>この土曜日か日曜日はどう？</u>

女：<u>土曜日は都合がいいわ。</u>

男：ありがとう。

女：何時にどこで待ち合わせる？

男：11時に駅でどうかな？

女：ええ。じゃあそのときね。

Question：ケンとリサはいつ彼の姉（妹）の誕生日プレゼントを買うつもりですか？

⑦ この土曜日。　イ　この日曜日。　ウ　明日。　エ　次の月曜日。

解説
Explanation

選択肢より，曜日に注意してメモをとろう。This Saturday.「この土曜日」のアだね。

No.2 女：もしもし？

男：もしもし。トムです。英太さんをお願いできますか？

女：こんにちは，トム。ごめんね，彼は今外出しているわ。あとでかけ直すようにしましょうか？

男：ありがとうございます，でもすぐに外出しないといけないんです。伝言をお願いできますか？

女：いいわよ。

男：明日，僕の家で一緒に宿題をすることになっています。<u>数学のノートを持ってくるよう彼に頼んでいただけませんか？</u>彼にいくつか尋ねたいことがあるんです。

女：わかったわ，伝えておくわ。

Question：トムが英太にしてほしいことは何ですか？

ア　トムの宿題をすること。　　イ　数学のノートを持ってくること。
ウ　あとでトムに電話すること。　エ　伝言を残すこと。

選択肢より，英太がトムに対してすること（トムが英太にしてほしいこと）を選ぼう。トムは3回目の発言でイの内容の伝言を伝えたんだね。

－ 18 －

No.3

女：Hi, Mike. ★What kind of book are you reading?

男：Hi, Rio. It's about *ukiyoe* pictures. I learned about them last week.

女：I see. You can see *ukiyoe* in the city art museum now.

男：Really? I want to visit there.
In my country, there are some museums that have *ukiyoe*, too.

女：Oh, really? I ★am surprised to hear that.

男：I have been there to see *ukiyoe* once.
I want to see them in Japan, too.

女：I went to the city art museum last weekend.
It was very interesting. You should go there.

Question：Why was Rio surprised?

★What kind of 〜?
「どんな種類の〜？」

★be surprised to 〜
「〜して驚く」

⑦ Because Mike said some museums in his country had *ukiyoe*.
イ Because Mike learned about *ukiyoe* last weekend.
ウ Because Mike went to the city art museum in Japan last weekend.
エ Because Mike didn't see *ukiyoe* in his country.

No.4

女：Hello, Hiroshi. How was your holiday?

男：It was great, Lisa. I went to Kenroku-en in Kanazawa. It is a beautiful Japanese garden.

女：How did you go there?

男：I took a train to Kanazawa from Toyama.
Then I wanted to take a bus from Kanazawa Station, but there were many people. So I ★decided to walk.

女：Oh, really? How long did it take ★from the station to Kenroku-en?

男：About 25 minutes. I saw many people from other countries.

女：I see. Kanazawa is an ★international city.

Question：Which is true?

★decide to 〜
「〜することに決める
／決心する」
★from A to B
「AからBまで」

★international
「国際的な」

ア It took about 25 minutes from Toyama to Kanazawa.
④ Hiroshi walked from Kanazawa Station to Kenroku-en.
ウ Hiroshi went to many countries during his holiday.
エ Hiroshi took a bus in Kanazawa.

No.3　㊛：こんにちは，マイク。どんな本を読んでいるの？

㊚：やあ，リオ。浮世絵についての本だよ。先週それらについて学んだんだ。

㊛：そうなの。今，市立美術館で浮世絵を見ることができるよ。

㊚：本当に？そこに行きたいな。
　　僕の国にも，浮世絵のある美術館があるよ。

㊛：え，本当に？それを聞いて 驚いた わ。

㊚：僕は一度そこに浮世絵を見に行ったことがあるよ。
　　日本でも見たいな。

㊛：先週末，市立美術館に行ったの。
　　とても面白かったわ。あなたも行くべきよ。

Question：なぜリオは驚きましたか？

㋐ マイクが彼の国の美術館に浮世絵があると言ったから。
イ　マイクが先週末に浮世絵について学んだから。
ウ　マイクが先週末に日本の市立美術館に行ったから。
エ　マイクが彼の国で浮世絵を見なかったから。

No.4　㊛：こんにちは，ヒロシ。休みはどうだった？

㊚：すばらしかったよ，リサ。金沢の兼六園に行ったよ。
　　美しい日本庭園だよ。

㊛：そこにはどうやって行ったの？

㊚：富山から金沢まで電車に乗ったよ。
　　そして金沢駅からはバスに乗りたかったけれど，とてもたくさんの人がいたんだ。それで僕は歩くことにしたよ。

㊛：まあ，本当？駅から兼六園までどれくらい時間がかかったの？

㊚：約25分だよ。外国から来たたくさんの人を見たよ。

㊛：なるほど。金沢は国際都市ね。

Question：どれが正しいですか？

ア　富山から金沢まで約25分かかった。
㋑ ヒロシは金沢駅から兼六園まで歩いた。
ウ　ヒロシは休みの間にたくさんの国に行った。
エ　ヒロシは金沢でバスに乗った。

解説
Explanation

選択肢が全て
Because Mike 〜 .
マイクが言ったことは
・浮世絵についての
本を読んでいる。
・浮世絵のある美術
館が自国にもある。
・自国の美術館に浮
世絵を見に行った
ことがある。
・日本でも浮世絵を
見たい。
質問は「リサが驚い
た理由」だから，ア
ね。

選択肢から以下の
キーワードにしぼっ
て，音声の同様の単
語に注意しよう。
ア 25 minutes
イ walk
ウ many countries
エ bus
アはヒロシの3回目，
イ，エは2回目の発
言にあるけど，ウは
音声にはないね。ヒ
ロシは金沢駅から兼
六園まで歩いたの
で，イだね。

第4章　　語句を入れる

基本問題

解答　No.1　（ア）土　（イ）2時30分　（ウ）青

　　　No.2　（ア）博物館〔別解〕美術館　（イ）150　（ウ）生活〔別解〕暮ら

 放送文　

No.1　（女）: David, the festival will ★be held ₇ from Friday to Sunday , right?

　　　（男）: Yes, Kyoko. I'm going to join the dance event at the music hall ₇★on the second day .

　　　（女）: That's great! Can I join, too?

　　　（男）: Sure. It will start at ₁ three in the afternoon.
Let's meet there ₁ 30 minutes before that .
We will wear ₉ blue T-shirts when we dance.
Do you have one?

　　　（女）: Yes, I do. I'll bring it.

No.2　（男）: What is this building, Kate? It looks very old.

　　　（女）: This is a ₇ museum , Eita.
It was built about ₁ 150 years ago and used as a school.

　　　（男）: What can we see here?

　　　（女）: You can see how people ₉ lived ★a long time ago.
★Shall we go inside now?

　　　（男）: OK. Let's go.

覚えたい表現
Memory work

★be held
「開催される」

★on the second day 「2日目に」

★a long time ago 「昔」
★Shall we 〜 ?
「(一緒に)〜しましょうか?」

音声を聞く前に空欄を見て，どのような語句が入るか予想しよう。数を聞き取る問題は，アクセントに注意しよう。

日本語訳

解説 Explanation

No.1
女：デイビッド，お祭りは ア 金曜日から日曜日まで 開催されるのよね？

男：そうだよ，教子。僕は ア 2日目に 音楽ホールで行われるダンスイベントに参加する予定だよ。

女：いいわね！私も参加していい？

男：いいよ。それは午後 イ 3時 に始まるよ。
イ 30分前（＝午後2時30分）に現地で待ち合わせしよう。僕らはダンスをするときに ウ 青いTシャツ を着るんだ。持っている？

女：ええ，持っているわ。それを持っていくね。

お祭り：
金 曜日〜 日 曜日

ダンスイベント：
2 日目
開始時刻：午後 3 時
集合時刻： 30 分前
Tシャツの色： 青 色

No.2
男：この建物は何だろう，ケイト？とても古そうだね。

女：これは ア 博物館 よ，英太。
約 イ 150 年前に建てられて，学校として使われたの。

男：ここでは何を見ることができるの？

女：昔の人々がどのように ウ 生活していた かを見られるわ。では中に入りましょうか？

男：うん。行こう。

ア
museum「博物館／美術館」を聞き取ろう。
イ
one hundred and fifty(＝150)
fiftyのアクセントに注意。fiftyのアクセントは前にあるよ。
ウ
how以下が間接疑問。lived「生活していた」を聞き取ろう。

－ 22 －

練習問題

解答　No.1 （ア）Sunday　（イ）11 (in the morning)　No.2 （ア）learn　（イ）Thursday

 放送文 🔘10

覚えたい表現
Memory work

No.1

男：Hi, Lisa. This is Mike. How's everything?

女：Great, thanks. *What's up?

男：My brother is coming to Fukuoka next Friday and will stay here for three weeks.

How about going to a ramen shop together?

He has wanted to eat ramen in Fukuoka *for a long time.

女：Oh, there's a good ramen shop near my house.

Let's go there.

男：That's great. He will be glad to hear that.

When and where shall we meet?

女：Can you come to my house at ｨ eleven in the morning next Saturday?

Then we can walk to the ramen shop together.

男：I'm sorry, I can't. I'm busy until three in the afternoon that day.

How about *ｨ the same time next ｧ Sunday ?

女：All right. Can I *invite my friend Nancy?

男：Sure. See you then. Bye.

★What's up?
「どうしたの？」

★for a long time
「長い間／ずっと」

★the same time
「同じ時間」
★invite 〜
「〜を招く／誘う」

No.2

男：Thank you for coming to our concert today, Aya. How was it?

女：Wonderful! Everyone was great. You especially played the violin very well, James. I really enjoyed the concert.

男：I'm glad to hear that.

女：I want to play the violin, too. ｧCan you teach me *how to play it ?

男：ｧSure. ｨI'm free every Thursday.

Please come to my house and we can practice together.

女：That's nice! Can I visit you next ｨ Thursday ?

男：Of course.

★how to 〜
「〜する方法」

音声で流れない語句を答えなくてはならない場合もあるよ。そのようなときは，前後の内容から考えて語句を導き出そう。

日本語訳

No.1　男：もしもし，リサ。マイクだよ。元気？

女：元気よ。どうしたの？

男：兄(弟)が今度の金曜日に福岡に来て，3週間いるんだ。
一緒にラーメン屋に行かない？
兄(弟)がずっと福岡のラーメンを食べたいって言っててさ。

女：それなら家の近くにおいしいラーメン屋があるわよ。
そこに行こうよ。

男：やったあ。兄(弟)もそれを聞いたら喜ぶよ。
いつどこで待ち合わせをしようか？

女：今度の土曜日，ィ 午前11時 に私の家に来られる？
歩いて一緒にラーメン屋まで行けるわ。

男：ごめん，無理だ。その日は午後3時まで忙しいんだ。
今度の ァ 日曜日 の ィ 同じ時間 はどう？

女：いいわよ。友達のナンシーも誘っていい？

男：もちろんだよ。じゃあそのときね。バイバイ。

ラーメン屋に行く曜日と時間を答える問題だね。
リサ：土曜日午前11時を提案。
マイク：日曜日の同じ時間を提案。

No.2　男：今日はコンサートに来てくれてありがとう，アヤ。どうだった？

女：素敵だったわ！みんな上手だった。特にあなたはバイオリンをとても上手に演奏していたね，ジェームス。
本当にいいコンサートだったわ。

男：それを聞いてうれしいよ。

女：私もバイオリンを弾いてみたいわ。ァ弾き方を教えてくれない？

男：ァいいよ。ィ毎週木曜日は時間があるよ。
僕の家においでよ，それなら一緒に練習できるよ。

女：ありがとう！次の ィ 木曜日 に行ってもいい？

男：もちろんだよ。

ァ
ジェームスはアヤにバイオリンを教える＝アヤはジェームスからバイオリンを学ぶ。learn「学ぶ」が適切だよ。音声で流れない単語を書く難問だね。practice を入れると後ろのfrom youと合わないから不適切だね。

ィ
Thursday「木曜日」を聞き取ろう。

← さらに詳しい解説

第5章　　対話と質問（複数）

基本問題

解答　No.1　イ　　No.2　ア　　No.3　イ　　No.4　ア

 放送文　

男：Hello, Ms. Brown.

女：Hi, Kenji. You don't look well today. ★What happened?

男：Last week we had a basketball game.

I was ★so nervous that I couldn't play well.

No.1 イFinally, our team lost the game.

女：Oh, I understand how you feel.

I played basketball for ten years in America.

I felt nervous during games, too.

男：Oh, did you? No.2 ァI always ★feel sorry for my friends in my team when I make mistakes in the game.

女：Kenji, I had the same feeling. When I made a mistake in the game, I ★told my friends that I was sorry.

But one of my friends said, "Don't feel sorry for us. We can ★improve by making mistakes. You can try again!"

She told me with a big smile.

Her words and smile ★encouraged me.

★Since then, I have ★kept her words in mind.

男：Thank you, Ms. Brown. I learned a very important thing from you. No.4 ァNow I believe that I can improve my basketball skills by making mistakes.

女：Great, Kenji! I'm glad to hear that. No.3 ィWhen is your next game?

男：Oh, No.3 ィit's in November. Please come to watch our game!

女：Sure. I'm ★looking forward to seeing it. Good luck.

男：Thank you, Ms. Brown. I'll ★do my best.

覚えたい表現
Memory work

★What happened?
「何かあった？」

★so…that 〜
「とても…なので〜」

★feel sorry for 〜
「〜に申し訳なく思う」

★tell＋人＋that 〜
「（人）に〜と言う」

★improve
「上達する」

★encourage 〜
「〜を励ます」
★since then
「それ以来」
★keep 〜 in mind
「〜を心に留める」

★look forward to 〜 ing
「〜することを楽しみにする」
★do one's best
「ベストを尽くす」

音声を聞く前に問題文や選択肢を読んでおこう。対話が長いので，集中力を切らさず，答えに関する内容を正しく聞き取ってメモしよう。

日本語訳

男：こんにちは，ブラウン先生。

女：あら，ケンジ。今日は元気がないわね。何かあった？

男：先週，バスケットボールの試合がありました。

　　とても緊張してうまくプレーできなかったんです。

　　No.1 ア 結局，僕らのチームは試合に負けてしまいました。

女：まあ，私はあなたの気持ちがわかるわ。

　　私はアメリカで10年間バスケットボールをしていたの。

　　私もゲーム中に緊張していたわ。

男：先生もですか？ No.2 ア 僕は試合でミスをしたとき，いつもチームの友達に申し訳なく思います。

女：ケンジ，私も同じ気持ちだったわ。試合で自分がミスをしたとき，友達に謝っていたの。

　　でも，友達の１人が，「申し訳なく思うことはないわ。

　　私たちはミスをすることで上達するの。

　　また挑戦すればいいのよ！」と満面の笑みで言ってくれたのよ。

　　彼女の言葉と笑顔に励まされたわ。

　　それ以来，彼女の言葉を心に留めているの。

男：ありがとうございます，ブラウン先生。僕は先生からとても大切なことを学びました。No.4 ア 今はミスをすることによってバスケットボールの技術を上達させられると信じています。

女：すごい，ケンジ！それを聞いてうれしいわ。No.3 イ 次の試合はいつ？

男：ああ，No.3 イ 11月にあります。僕たちの試合を見に来てください！

女：いいわ。試合を見るのを楽しみにしているわ。がんばってね。

男：ありがとうございます，ブラウン先生。ベストを尽くします。

解説 Explanation

・先週の試合でケンジのチームは 負け た。

・ブラウン先生は アメリカ で 10 年間バスケットボールをしていた。

・ケンジはミスをすると 友達 に 申し訳ない と思う。

・ブラウン先生はミスをすると 友達 に 謝って いた。

・しかし，ブラウン先生の友達がまた 挑戦 すればいいと言った。その 言葉 と 笑顔 に励まされた。

・ケンジはブラウン先生からとても 大切 なことを学んだ。今ではミスをすることで バスケットボール の技術が 上達 すると信じている。

・ケンジの次の 試合 は 11 月にある。

・ブラウン先生は 試合 を楽しみにしている。

・ケンジは ベストを尽くす つもりだ。

練習問題

解答　No.1　イ　　No.2　イ　　No.3　エ　　No.4　エ

 放送文　

（女）：Hi, Daiki. What will you do during the spring vacation?

（男）：My family will spend five days in Tokyo with my friend, Sam.
He is a high school student from Sydney. I met him there.

（女）：I see. No.1 イ Did you live in Sydney?

（男）：No.1 イ Yes. My father worked there when I was a child.
Sam's parents ★asked my father to take care of Sam in Japan.
No.2 イ He will come to my house in Osaka next week.

（女）：Has he ever visited Japan?

（男）：No, he hasn't. I haven't seen him for a long time, but we
often send e-mails to ★each other.

（女）：How long will he stay in Japan?

（男）：For ten days. No.3 エ Have you ever been to Tokyo, Cathy?

（女）：No.3 エ No, but I'll visit there this May with my friend, Kate.
She lives in America. Do you often go to Tokyo?

（男）：Yes. My grandmother lives there.
We will visit the zoo and the museum with her.
We will also go shopping together.

（女）：★That sounds good. Sam will be very glad.

（男）：I hope so. Well, I sent him a book about Tokyo which has
★a lot of beautiful pictures.

（女）：Cool. I also want to give a book like that to Kate because
No.4 エ she likes taking pictures of beautiful places.
★Actually, she has been to many foreign countries to take
pictures.

（男）：That's interesting. I like taking pictures, too.
So I want to see the pictures she took in other countries.

（女）：OK. I'll tell her about that.

（男）：Thank you.

Question No.1：Where did Daiki live when he was a child?

Question No.2：Who will come to Daiki's house next week?

Question No.3：Has Cathy visited Tokyo before?

Question No.4：What does Kate like to do?

覚えたい表現
Memory work

★ask＋人＋to〜
「（人）に〜するよう
に頼む」

★each other
「お互いに」

★That sounds
good.
「それはいいね」
★a lot of 〜
「たくさんの〜」

★actually
「実際に／実は」

ダイキとキャシーの対話。ダイキの友達のサムと，キャシーの友達のケイトも出てくるよ。音声を聞きながら，誰が何をしたかをメモしよう。

日本語訳

解説 Explanation

女：こんにちは，ダイキ。春休みは何をするの？

男：家族で，友達のサムと一緒に東京に5日間滞在するよ。サムはシドニー出身の高校生だよ。僕はシドニーで彼と知り合ったんだ。

女：そうなんだ。No.1 イ あなたはシドニーに住んでいたの？

男：No.1 イ そうだよ。僕が子どものころ，父がシドニーで働いていたんだ。サムの両親が，日本に行くサムの面倒を見てくれるよう父に頼んだんだよ。
No.2 イ サムは来週，大阪の我が家に来るよ。

女：彼は日本に来たことがあるの？

男：ないよ。僕も長いこと彼に会っていないんだ，でもお互いによくメールを送り合っているよ。

女：彼は日本にどのくらい滞在するの？

男：10日間だよ。No.3 エ キャシーは東京に行ったことある？

女：No.3 エ いいえ，でも友達のケイトと，今年の5月に行くつもりよ。彼女はアメリカに住んでいるわ。あなたはよく東京に行くの？

男：うん。祖母が住んでいるんだ。
僕たちは，祖母と一緒に動物園と博物館に行く予定だよ。
それから一緒に買い物にも行くつもりなんだ。

女：それはいいわね。サムはとても喜ぶと思うわ。

男：そうだといいな。そういえば，僕はサムに，素敵な写真がたくさん載っている東京に関する本を送ったんだよ。

女：いいわね。私もそういう本をケイトに送りたいわ，No.4 エ 彼女は美しい場所の写真を撮るのが好きだから。
実は，彼女は写真を撮るためにたくさん外国に行っているのよ。

男：それは興味深いな。僕も写真を撮るのが好きだよ。
だから彼女が外国で撮った写真を見たいな。

女：わかった。彼女にそう伝えておくわ。

男：ありがとう。

Question No.1：ダイキは子どものころ，どこに住んでいましたか？

Question No.2：来週，誰がダイキの家に来ますか？

Question No.3：キャシーは以前，東京に行ったことがありますか？

Question No.4：ケイトは何をするのが好きですか？

No.1
ダイキについての質問だね。ダイキは幼少期にシドニーに住んでいたと言っているね。

No.2
ダイキの家に来るのは，ダイキの友達のサムだね。

No.3
キャシーは，東京に行く予定はあるけれど，まだ行ったことはないと言っているね。Has Cathy ～？と聞かれたから，No, she hasn't. と答えよう。

No.4
キャシーが友達のケイトの好きなことを紹介しているね。

第6章　　　英文と質問（複数）

基本問題

解答　No.1　ア　　No.2　エ　　No.3　ウ

放送文　🔵13

Today is the last day before summer vacation.

From tomorrow, you'll have twenty-five days of vacation and I'll give you some homework to do.

For your homework, you must write a report about the problems in the ★environment and you must use ★more than one hundred English words.

★environment
「環境」
★more than ～
「～以上」

We've ★finished reading the textbook about the problems in the environment.

★finish ～ing
「～し終える」

So, No.1 ア in your report, you must write about ★one of the problems in the textbook that is interesting to you.

★one of ～
「～の1つ」

★The textbook says that there are many kinds of problems like water problems or fires in the mountains.

★the textbook says
(that)～「教科書に
は～と書いてある」

No.2 エ The textbook also says that everyone in the world must continue thinking about ★protecting the environment from these problems.

★protect A from B
「BからAを守る」

If you want to know more about it, use the Internet or books in the city library.

No.3 ウ Please give me your report at the next class.

I hope you enjoy this homework and have a good vacation.

音声を聞く前に，問題文，質問，選択肢の内容から，聞き取るべきキーワードをイメージできたかな？それらのキーワードに関連する部分を中心にメモをとろう。

日本語訳

今日は夏休み前の最終日です。

明日からみなさんは25日間の休暇に入るので，宿題を出します。

みなさんは宿題として，環境問題についてのレポートを書いてください，なお，英単語を100語以上使わなければいけません。

私たちは環境問題についての教科書を読み終えました。

ですから No.1 ァ レポートでは，教科書の中で自分の興味がある問題の1つについて書いてください。

教科書には，水問題や山火事のような，多くの種類の問題があると書いてあります。

No.2 ェ また，教科書には，世界中の誰もが，これらの問題から環境を守ることを考え続けなければいけない，とも書いてあります。

もっと詳しく知りたい人は，インターネットや市立図書館にある本を利用してください。

No.3 ゥ レポートは，次の授業で私に提出してください。

みなさんがこの宿題を楽しみ，良い休暇を過ごすことを願っています。

解説 Explanation

・夏休み前の最終日。明日から25日間の休みに入る。

・環境問題についてのレポートを書く。英単語を100語以上使う。

・環境問題についての教科書を読み終えた。

・教科書の中で興味がある問題を選ぶ。

・教科書には世界中の誰もが環境を守ることについて考え続けなければならないと書いてある。

・詳しく知りたい人はインターネットや市立図書館の本を利用する。

・次の授業でレポートを提出する。

練習問題

解答　No.1　イ　　No.2　エ　　No.3　ウ　　No.4　イ

 放送文　

Today, I'll tell you about my grandmother's birthday party.

Before her birthday, I talked about a birthday present for her with my father and mother.

My father said, "Let's go to a cake shop and buy a birthday cake."

No.1 イ <u>My mother said, "That's a good idea. I know a good cake shop."</u> But when I saw my bag, I had another idea. I said, "No.2 エ <u>My grandmother made this bag *as my birthday present last year, so I want to make a cake for her."</u>

They agreed.

No.3 ウ <u>On her birthday, I started making the cake at nine in the morning. My father and mother helped me because that was *my first time. I finished making it at one in the afternoon.</u>

We visited my grandmother at six and started the party for her.

First, we enjoyed a special dinner with her.

After that, I showed her the cake.

When she saw it, she said, "Wow, did you make it? I'm so happy. Thank you, Kyoko."

I *was happy to hear that.

No.4 イ <u>Then we *sang a birthday song for her</u> and ate the cake with her. I'll never forget that wonderful day.

Question No.1 : Who knew a good cake shop?

Question No.2 : Why did Kyoko want to make a cake for her grandmother?

Question No.3 : *How many hours did Kyoko need to make the cake?

Question No.4 : What did Kyoko do at her grandmother's birthday party?

覚えたい表現
Memory work

★as ～「～として」

★my first time
「（私にとって）初めてのこと」

★be happy to ～
「～してうれしい」
★sang
sing「歌う」の過去形

★How many
hours ～?
「何時間～？」

選択肢から，No.1は人物，No.2は理由，No.3は時間，No.4は行動についての質問だと推測できるね。関連部分の音声に注意しながら聞き取ってメモをし，質問にそなえよう。

日本語訳

解説 Explanation

今日は，私の祖母の誕生日パーティーについて話そうと思います。

誕生日の前に，私は，祖母にあげる誕生日プレゼントについて両親と話しました。

父は，「ケーキ屋に行って誕生日ケーキを買おう」と言いました。

No.1 ィ 母は，「いい考えね。私はおいしいケーキ屋を知っているわ」と言いました。しかし私は，自分のバッグを見て別の考えが浮かびました。

「No.2 ェ おばあちゃんは去年，私の誕生日プレゼントとしてこのバッグを作ってくれたの。だから私はケーキを作りたいわ」と私は言いました。

両親も賛成してくれました。

No.3 ゥ 誕生日当日，私は午前9時からケーキを作り始めました。ケーキ作りは初めてのことだったので，両親が手伝ってくれました。私は午後1時にケーキを作り終えました。

私たちは6時に祖母の家に行き，パーティーを始めました。

まず，一緒にごちそうを楽しみました。

その後，私は祖母にケーキを見せました。

それを見ると，祖母は，「まあ，自分で作ったの？とってもうれしいわ。ありがとう，教子」と言いました。

私はそれを聞いてうれしくなりました。

No.4 ィ それから私たちは，祖母のために誕生日の歌を歌って，一緒にケーキを食べました。私はあの素晴らしい日を決して忘れません。

Question No.1：おいしいケーキ屋を知っていたのは誰ですか？

Question No.2：教子はなぜ祖母にケーキを作ってあげたかったのですか？

Question No.3：教子はケーキを作るのに何時間かかりましたか？

Question No.4：教子は祖母の誕生日パーティーで何をしましたか？

No.1
おいしいケーキ屋を知っていた人は，ケーキを買おうと言ったお父さんではないよ。教子のお母さんだね。

No.2
おばあちゃんがバッグを作ってくれたから，自分も手作りのものをあげたいと思ったんだね。

No.3
午前9時から午後1時までだから，4時間だね。

No.4
教子が話したのは，イの「祖母のために両親と誕生日の歌を歌った」だね。

第７章　　　　　　　作　文

基本問題

> 解答　No.1　（例文）We can give her some flowers.
>
> 　　　No.2　（例文）I can play soccer with him. It's bcause I can talk with him in Japanese while we are playing soccer.

 放送文　⊚**15**

No.1　　女：Hi, John. Do you know our classmate Eiko will leave

　　　　　　　 Tokyo and live in Osaka from next month?

　　　　　　　 We have to *say goodbye to her soon.

　　　　　男：Really, Kyoko? I didn't know that. I'm very sad.

　　　　　女：Me, too. Well, let's do something for Eiko.

　　　　　　　 What can we do?

　　　　　男：（　　　　　）

No.2　　Hello, everyone.

　　　　　Next week a student from Australia will come to our

　　　　　class and study with us for a month.

　　　　　His name is Bob.

　　　　　He wants to enjoy his stay.

　　　　　He likes sports very much and wants to learn Japanese.

　　　　　Please tell me what you can do for him and why.

 覚えたい表現
Memory work

★say goodbye to ～
「～にさよならを言う」

No.1では引っ越すクラスメートに, No.2ではオーストラリアからの留学生に対してできることを英文で書くよ。間違えずに書ける単語や表現を使って短くまとめよう。

No.1　　女：こんにちは, ジョン。クラスメートのエイコが東京を去り, 来月から大阪に住むことになったって知ってる？

　　　　　　もうすぐさよならを言わなければならないわ。

　　　　男：本当に, 教子？それは知らなかったよ。とても悲しいね。

　　　　女：私もよ。エイコのために何かしましょう。

　　　　　　何ができるかしら？

　　　　男：（　　　　）

No.1
東京から大阪へ引っ越すクラスメートにしてあげられることを書こう。
(例文の訳)
「花束をあげることができるね」
「(人)に(もの)をあげる」＝give＋人＋もの

No.2　　みなさん, こんにちは。

　　　　来週, オーストラリアから1人の留学生がこのクラスに来て, 一緒に1か月間勉強する予定です。

　　　　彼の名前はボブです。

　　　　彼はこの滞在を楽しみたいと思っています。

　　　　彼はスポーツが大好きで, 日本語を学びたいと思っています。

　　　　あなたが彼のためにできることと, その理由を教えてください。

No.2
スポーツが大好きで日本語を学びたい留学生のためにできることと, その理由を書こう。
(例文の訳)
「僕は彼と一緒にサッカーをすることができます。サッカーをしながら, 彼と日本語で話をすることができるからです」

練習問題

解答　No.1　ウ　　No.2　They should tell a teacher.

　　　No.3　（例文）I want to go to America because there are a lot of places
　　　　　　　　　　to visit.

 放送文  16

★Welcome to our school. I am Lucy, a second-year student of this school. We are going to show you around our school today. Our school was built in 2019, so it's still new.

Now we are in the gym.

We will start with the library, and I will ★show you how to use it. Then we will look at classrooms and the music room, and No.1 ウ<u>we will finish at the lunch room. There, you will meet other students and teachers</u>.

After that, we are going to have ★a welcome party.

There is something more I want to tell you.

We took a group picture ★in front of our school.

No.2<u>If you want one, you should tell a teacher tomorrow</u>.

Do you have any questions?

Now let's start.

Please come with me.

Question No.1 : Where will the Japanese students meet other students and teachers?

Question No.2 : If the Japanese students want a picture, what should they do tomorrow?

Question No.3 : If you study abroad, what country do you want to go to and why?

覚えたい表現
Memory work

★Welcome to ～ .
「～へようこそ」

★show＋人＋もの
「（人）に（もの）を見せる」

★a welcome
party「歓迎会」

★in front of ～
「～の前で」

「…ので〜したい」＝I want to 〜 because …. は英作文でよく使う形なので覚えておこう。

日本語訳

私たちの学校へようこそ。私はルーシー，この学校の２年生です。

今日はみなさんに学校を案内します。

私たちの学校は2019年に建てられました，ですからまだ新しいですね。

私たちは今，体育館にいます。

まず図書館から始めましょう，その使い方を教えます。

それから，教室と音楽室を見て，No.1 ゥ最後に食堂を見ます。そこで，

みなさんは他の生徒や先生と対面することになっています。

その後，歓迎会をする予定です。

みなさんにお伝えしたいことがもう少しあります。

校舎の前でグループ写真を撮りましたね。

No.2 その写真が欲しい人は，明日先生に申し出てください。

何か質問はありますか？

では行きましょう。

私についてきてください。

Question No.1：日本の生徒はどこで他の生徒や先生と会いますか？

Question No.2：日本の生徒は写真が欲しい場合，明日何をすべきですか？

Question No.3：もしあなたが留学するなら，どの国に行きたいですか，

そしてそれはなぜですか？

解説
Explanation

No.1
他の生徒や先生と対面する場所は食堂＝the lunch roomだから，**ウ**だね。

No.2
Ifで始まる文の後半の内容を答えればいいね。

No.3
したいこととその理由を答えるときは，I want to 〜 because …. の形を使おう。
（例文の訳）
「訪れるたくさんの場所があるので，私はアメリカに行きたいです」

P3	What do you want to do in the future?	あなたは将来何をしたいですか？
	by bike	自転車で
	Can you ～？	～してくれませんか？
	Can I ～？	～してもいいですか？
	look at ～	～を見る
	have to ～	～しなければならない
P5	What's the matter?	どうしたの？
	last night	昨夜
	go to bed	寝る
	get up	起きる
	for ～（期間を表す言葉）	～の間
	stop ～ ing	～することをやめる
	How about ～？	～はどうですか？
	Thank you for ～ ing.	～してくれてありがとう
	for ～（対象を表す言葉）	～のために
P7	What time shall we meet?	何時に待ち合わせる？
	the ＋最上級＋ in ＋○○	○○の中で最も…
	no ＋人	（人）が1人も～ない
	I've never ～.	私は一度も～したことがない
	keep ＋人／もの＋状態	（人／もの）を（状態）に保つ
P9	school festival	学園祭
	look ～	～のように見える
	next to ～	～のとなりに
	I hear（that）～.	～だそうだ
	be good at ～ ing	～することが得意だ
	be glad to ～	～してうれしい
	over ～	～以上
	make a speech	スピーチをする
	the number of ～	～の数
	keep ～ ing	～し続ける
	go up	増加する
	go down	減少する
P11	Have you ever been to ～？	～に行ったことがありますか？
	May I help you?	お手伝いしましょうか？／いらっしゃいませ
	look for ～	～を探す
	What are you going to do?	何をするつもりですか？
	go fishing	釣りに行く
	May I speak to ～？	（電話で）～さんをお願いできますか？
P13	You have the wrong number.	番号が違っています
	I've just ＋過去分詞.	ちょうど～したところだ
	be famous for ～	～て有名てある
	How long does it take to ～？	～するのにどれくらい時間がかかりますか？
	There is no ～.	～がない
P15	be ready	準備がてきている
	tell ＋人＋ to ～	（人）に～するように言う
	Would you like some more?	もう少しいかが？
	How much ～？	～はいくらですか？

P17	Are you free?	(時間)が空いている？
	be out	外出している
	want + 人 + to ～	(人)に～してほしい
	Can I leave a message?	伝言をお願いできますか？
	Could you ～ ?	～していただけませんか？
P19	What kind of ～ ?	どんな種類の～？
	be surprised to ～	～して驚く
	decide to ～	～することに決める／決心する
	from A to B	A から B まで
	international	国際的な
P21	be held	開催される
	on the second day	2 日目に
	a long time ago	昔
	Shall we ～ ?	(一緒に)～しましょうか？
P23	What's up?	どうしたの？
	for a long time	長い間／ずっと
	the same time	同じ時間
	invite ～	～を招く／誘う
	how to ～	～する方法
P25	What happened?	何かあった？
	so…that ～	とても…なので～
	feel sorry for ～	～に申し訳なく思う
	tell + 人 + that ～	(人)に～と言う
	improve	上達する
	encourage ～	～を励ます
	since then	それ以来
	keep ～ in mind	～を心に留める
	look forward to ～ ing	～することを楽しみにする
	do one's best	ベストを尽くす
P27	ask + 人 + to ～	(人)に～するように頼む
	each other	お互いに
	That sounds good.	それはいいね
	a lot of ～	たくさんの～
	actually	実際に／実は
P29	environment	環境
	more than ～	～以上
	finish ～ ing	～し終える
	one of ～	～の 1 つ
	the textbook says（that）～	教科書には～と書いてある
	protect A from B	B から A を守る
P31	as ～	～として
	my first time	(私にとって)初めてのこと
	be happy to ～	～してうれしい
	sang	sing「歌う」の過去形
	How many hours ～ ?	何時間～？
P33	say goodbye to ～	～にさよならを言う
P35	Welcome to ～ .	～へようこそ
	show + 人 + もの	(人)に(もの)を見せる
	a welcome party	歓迎会
	in front of ～	～の前で

聞き違いをしやすい表現
Easy to mistake

1 聞き違いをしやすい数

サーティーン　　　　サーティ
thirteen「13」と thirty「30」

 アクセントの位置に着目

後　　前
thirteen「13」と thirty「30」

フォーティーン　　フォーティ
fourteen「14」と forty「40」

フィフティーン　　フィフティ
fifteen「15」と fifty「50」

シックスティーン　　シックスティ
sixteen「16」と sixty「60」

セブンティーン　　　セブンティ
seventeen「17」と seventy「70」

エイティーン　　エイティ
eighteen「18」と eighty「80」

ナインティーン　　ナインティ
nineteen「19」と ninety「90」

2 聞き違いをしやすい英語

キャン　　　　キャン(ト)
can「できる」と can't「できない」

 次の単語との間に着目

間がない　　間がある
can ～　　　can't ～

ウォント　　　　　　ワントゥ
won't「しないつもり」と want to「したい」

フェアー　　　　フェン
where「どこ?」と when「いつ?」

3 同じ発音で違う意味の英語

ワン　　　　　ワン
won「勝った」と one「1」

 単語の位置や文の意味で判断

「アイ ワン ザ プライズ」だったら
→ I won the prize.
　私は賞を勝ち取りました

「アイ チョゥズ ワン」だったら
→ I chose one.
　私は1つを選びました

レッド　　　　レッド
red「赤」と read「読んだ」

4 セットで読まれる英語

ゼァリズ
There is

 連語表現の発音に慣れよう

「ゼアー」と「イズ」を続けて読むと「ゼァリズ」
There　　is

ゲラップ
get up

ピカップ
pick up

オプニット
open it

シェイキット
shake it

トーカバウト
talk about

ハフトゥ
have to

ワノブ
one of

ウォンチュー
want you

ミーチュー
meet you

ディジュー
Did you

ミシュー
miss you

高校入試対策

英語リスニング練習問題

基本問題集

contents

※解答集は別冊です

K 教英出版

はじめに

　グローバル化が急速に進展する中で，外国語によるコミュニケーション能力は，一部の業種や職種だけでなく，今後の生活の様々な場面で必要になってきます。

　学習指導要領では，小・中・高等学校での一貫した外国語教育を通して，外国語による「聞くこと」，「読むこと」，「話すこと」，「書くこと」の4つの技能を習得し，簡単な情報や考えなどを理解したり伝えあったりするコミュニケーション能力を身につけることを目標としています。

　これを受けて，高校入試の英語リスニング問題は，公立高校をはじめ私立高校においても，問題数の増加や配点の上昇が顕著になってきています。

　本書は，全国の高校入試の英語リスニングでよく出題されるパターンを，7つの章に分類し，徹底的に練習できるようになっています。リスニングの出題形式に慣れるとともに，解き方，答え合わせや復習のしかたがよく分かるようになるので，限られた時間の中で効率よく学習ができます。

　高校入試の英語リスニング問題は，基礎的な単語や文法が中心で，長文読解問題に比べればそれほど複雑な内容ではありません。聴き取れれば解ける問題ばかりです。

　本書で，やさしい問題から入試レベルの問題までを繰り返し練習し，入試本番の得点力を身につけてください。

この問題集の特長と使い方

1．準備をする！

　高校入試では一斉リスニングの場合がほとんどです。できればイヤホン（ヘッドホン）を使わずに，CDプレイヤーやスピーカーを準備しよう。

　問題は，章ごとに「基本問題」と「練習問題」があります。「基本問題」に取りかかる前に，「🖐ポイント」を読んでおこう。🗨ヒント や 📝メモ，⚠ミスに注意 にも，あらかじめ目を通しておこう。

2．問題に取り組む！

　準備ができたら，集中して音声を聴こう。間違えてもいいので必ず答えを書くことを心がけよう。

3．解答だけを確認する！

　ひとつの問題を解き終えたら，解答集ですぐに答え合わせをしよう。このとき，まだ放送文や日本語訳は見ないでおこう。解答だけを確認したら，もう一度音声を聴こう。正解した問題は聴き取れたところを，間違えてしまった問題は聴き取れなかったところを，意識しながら聴いてみよう。

4．放送文を確認する！

　今度は，解答集の放送文（英文）を目で追いながら音声を聴いてみよう。このとき，キーワードやキーセンテンス（カギとなる重要な文）を確実に聴き取れるまで何度も繰り返し聴いてみよう。途中で分からなくなったら最初から聴き直そう。

5. 覚えたい表現やアドバイスを確認する！

解答集では，英語リスニング問題でよく出る「覚えたい表現」や，同じパターンの問題を解くときのコツなどをアドバイスしています。よく読んでおこう。

6. 日本語訳を確認する！

解答集は，放送文と日本語訳が見開きのページに載っているので，照らし合わせながら確認しよう。内容を正しく理解できているか，会話表現の独特な言い回しをきちんと把握できているかを確認しよう。知らなかった単語や表現はここでしっかりと覚えておこう。

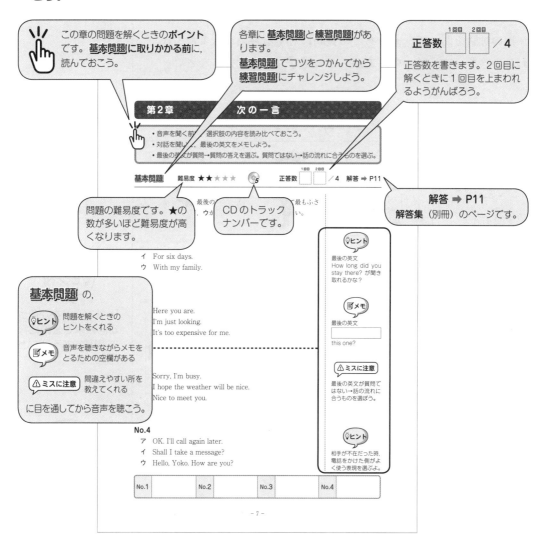

解答 ➡ P11
解答集（別冊）のページです。

音声の聴き方

CDで音声を聴くことができます。CD以外でも，教英出版ウェブサイトでID番号を入力して音声を聴くことができます。ID番号を入力して音声を聴く方法は，都道府県版（別冊）の1ページをご覧ください。

・音声を聞く前に選択肢の絵やグラフを見比べておこう。
・絵やグラフを見比べたら，どんな英文が流れるか予想してみよう。
・音声を聞きながら，答えに関係しそうな内容をメモしよう。

基本問題A　難易度 ★★★★★　　正答数 1回目 □ 2回目 □　／3　解答 ➡ P3

　次の対話を聞いて，そのあとの質問に対する答えとして最もふさわしい絵を，**ア**，**イ**，**ウ**，**エ**から1つ選び，記号を書きなさい。

No.1

ア　　　　　イ　　　　　ウ　　　　　エ

ヒント

職業を選ぶ問題かな？

No.2

ア　　　　　イ　　　　　ウ　　　　　エ

ヒント

「ヘルメットをかぶって自転車で公園に行き，野球をする」といった話かな？

No.3

ア　　　　　イ　　　　　ウ　　　　　エ

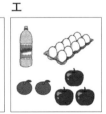

メモ

卵

みかん □ 個

りんご □ 個

ジュース

No.1		No.2		No.3	

次の英文や対話を聞いて，そのあとの質問に対する答えとして最もふさわしい絵を，ア，イ，ウ，エから1つ選び，記号を書きなさい。

No.1

ア　　　　　イ　　　　　ウ　　　　　エ

 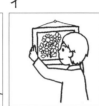  

ヒント

腕時計＝watch
掛け時計／置き時計
＝clock

No.2

ア　　　　　イ　　　　　ウ　　　　　エ

ヒント

天気: 雨／雪
移動手段:
徒歩／自転車
どっちかな？

No.3

ア　　　　　イ　　　　　ウ　　　　　エ

メモ

昨夜 [　　　　] 。

今朝 [　　　　] 。

No.4

ア　　　　　イ　　　　　ウ　　　　　エ

⚠ ミスに注意

AMは午前，PMは午後だね。寝た時刻？起きた時刻？

No.1		No.2		No.3		No.4	

次の対話を聞いて，そのあとの質問に対する答えとして最もふさわしい絵やグラフを，ア，イ，ウ，エから1つ選び，記号を書きなさい。

No.1

ア　　　　　　イ　　　　　　ウ　　　　　　エ

No.2

ア　　　　　　イ　　　　　　ウ　　　　　　エ

No.3

ア　　　　　　イ　　　　　　ウ　　　　　　エ

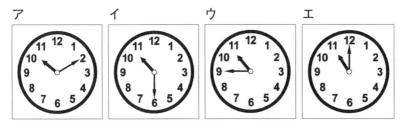

No.4　「球技大会で何をやりたいか？」〜クラス別　アンケート結果〜

ア　　　　　　　　イ　　　　　　　　ウ　　　　　　　　エ

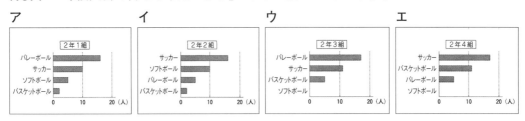

No.1		No.2		No.3		No.4	

次の対話や英文を聞いて，そのあとの質問に対する答えとして最もふさわしい絵やグラフを，ア，イ，ウ，エから1つ選び，記号を書きなさい。

No.1

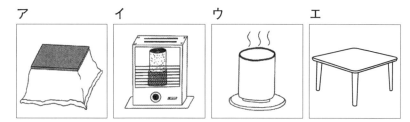

ア　イ　ウ　エ

No.2

ア　イ　ウ　エ

No.3

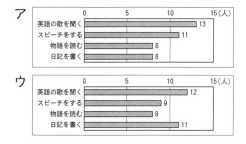

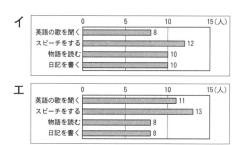

No.4

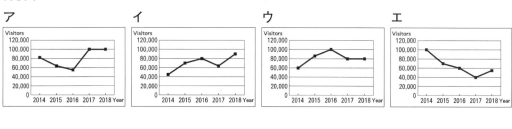

第2章　　　　　次の一言

- 音声を聞く前に，選択肢の内容を読み比べておこう。
- 対話を聞いて，最後の英文をメモしよう。
- 最後の英文が質問→質問の答えを選ぶ。質問ではない→話の流れに合うものを選ぶ。

基本問題　難易度 ★★☆☆☆　　　正答数 [1回目] [2回目] ／4　解答 ⇒ P11

次の対話を聞いて，最後の英文に対する受け答えとして最もふさわしいものを，**ア，イ，ウ**から1つ選び，記号を書きなさい。

No.1
- ア　By plane.
- イ　For six days.
- ウ　With my family.

ヒント

最後の英文
How long did you stay there? が聞き取れるかな？

No.2
- ア　Here you are.
- イ　I'm just looking.
- ウ　It's too expensive for me.

メモ

最後の英文

[　　　　　　]

this one?

No.3
- ア　Sorry, I'm busy.
- イ　I hope the weather will be nice.
- ウ　Nice to meet you.

ミスに注意

最後の英文が質問ではない→話の流れに合うものを選ぼう。

No.4
- ア　OK. I'll call again later.
- イ　Shall I take a message?
- ウ　Hello, Yoko. How are you?

ヒント

相手が不在だった時，電話をかけた側がよく使う表現を選ぶよ。

No.1		No.2		No.3		No.4	

次の対話を聞いて，最後の英文に対する受け答えとして最もふさわしいものを，ア，イ，ウ，エから１つ選び，記号を書きなさい。

No.1

ア I don't know your phone number.

イ I see. Do you want to leave a message?

ウ Can you ask him to call me?

エ I'm so sorry.

No.2

ア Sorry. I haven't washed the tomatoes yet.

イ I don't think so. Please help me.

ウ Thanks. Please cut these carrots.

エ All right. I can't help you.

No.3

ア Ten o'clock in the morning.

イ Only a few minutes.

ウ Four days a week.

エ Every Saturday.

No.4

ア Sure. I'll do it now.

イ No. I've never sent him a letter.

ウ Yes. You found my name on it.

エ Of course. I finished my homework.

No.1		No.2		No.3		No.4	

第3章　　対話や英文と質問（1つ）

- 音声を聞く前に，選択肢の内容を読み比べておこう。
- 対話を聞いて，人物の名前や行動などをメモしよう。
- 質問を聞いて，誰の何についての質問かメモしよう。

基本問題　　難易度 ★★☆☆☆　　　正答数　1回目　2回目 ／3　解答 ➡ P15

　次の対話や英文を聞いて，そのあとの質問に対する答えとして最もふさわしいものを，ア，イ，ウ，エから1つ選び，記号を書きなさい。

No.1

ア　She is going to do Mike's homework with her husband.

イ　She is going to cook dinner in the dining room.

ウ　She is going to go to the dining room with Mike.

エ　She is going to eat dinner with her husband and Mike.

メモ

マイク：□□が終わった。おなかが□□。□□を呼びに行く。
母親：□□の準備ができた。

No.2

ア　Yes, please. I want more.

イ　Help yourself, Lisa.

ウ　I'm sorry. I can't cook well.

エ　Of course. You can take it.

ヒント

対話の最後のリサの勧めに対する答えを選ぶよ。

No.3

ア　They are in the nurse's office.

イ　They are in the library.

ウ　They are at a stationery shop.

エ　They are at a birthday party.

ヒント

選択肢のThey areは共通だね。場所を選ぶ問題だよ。

No.1		No.2		No.3	

次の対話を聞いて，そのあとの質問に対する答えとして最もふさわしいものを，ア，イ，ウ，エから1つ選び，記号を書きなさい。

No.1
ア　This Saturday.
イ　This Sunday.
ウ　Tomorrow.
エ　Next Monday.

No.2
ア　To do Tom's homework.
イ　To bring Eita's math notebook.
ウ　To call Tom later.
エ　To leave a message.

No.3
ア　Because Mike said some museums in his country had *ukiyoe*.
イ　Because Mike learned about *ukiyoe* last weekend.
ウ　Because Mike went to the city art museum in Japan last weekend.
エ　Because Mike didn't see *ukiyoe* in his country.

No.4
ア　It took about 25 minutes from Toyama to Kanazawa.
イ　Hiroshi walked from Kanazawa Station to Kenroku-en.
ウ　Hiroshi went to many countries during his holiday.
エ　Hiroshi took a bus in Kanazawa.

No.1		No.2		No.3		No.4	

- 音声を聞く前に空欄を見て，聞き取る内容をしぼろう。
- fifteen「15」とfifty「50」などを聞き分けるために，数はアクセントに注意しよう。
- Tuesday「火曜日」とThursday「木曜日」の違いなど，曜日を正しく聞き取ろう。

基本問題　難易度 ★★☆☆☆　⑨　　正答数 [1回目] [2回目] ／6　解答 ➡ P21

No.1　デイビッドと教子の対話を聞いて，【教子のメモ】のア，イ，ウにあてはまる言葉を日本語または数字で書きなさい。

【教子のメモ】

> お祭りのダンスイベント
> ・（　ア　）曜日に行われる。
> ・集合時刻は午後（　イ　）。
> ・集合場所は音楽ホール。
> ・Ｔシャツの色は（　ウ　）色。

📝メモ

お祭り:
□曜日〜□曜日
ダンスイベント:
□日目
開始時刻: 午後□時
集合時刻: □分前
Ｔシャツの色: □色

No.2　ケイトと英太の対話を聞いて，【英太のメモ】のア，イ，ウにあてはまる言葉を日本語または数字で書きなさい。

【英太のメモ】

> ・古い建物は（　ア　）である。
> ・約（　イ　）年前に建てられ，学校として使われていた。
> ・昔の人々がどのように（　ウ　）していたかを見ることができる。

⚠️ミスに注意

アクセントに注意して数を聞き取ろう。

No.1	ア		イ		ウ	
No.2	ア		イ		ウ	

No.1　マイクとリサの対話を聞いて，対話のあとに【リサがナンシーの留守番電話に残したメッセージ】のア，イにあてはまる言葉を英語または数字で書きなさい。

【リサがナンシーの留守番電話に残したメッセージ】

> Hi, Nancy.　This is Lisa.
> Mike's brother is going to stay in Fukuoka for three weeks.
> So Mike and I have decided to take him to a ramen shop next（　ア　）.
> They will come to my house at（　イ　）, and we will walk to the shop.
> If you want to join us, please tell me.

No.2　ジェームスとアヤの対話を聞いて，対話のあとに【アヤがジェームスに送ったメール】のア，イにあてはまる言葉を英語で書きなさい。

【アヤがジェームスに送ったメール】

> Hi, James.
> I enjoyed the concert today.
> I am happy because I can（　ア　）how to play the violin from you.
> I will see you at your house on（　イ　）.

No.1	ア		イ	
No.2	ア		イ	

第5章　　　対話と質問（複数）

- 音声を聞く前に，問題文をよく読み，登場人物の名前や立場を把握しよう。
- 音声を聞く前に，選択肢（と質問）から聞き取る内容をしぼろう。
- 音声を聞きながら，「誰が何をした」に関する内容をメモしよう。

基本問題　難易度 ★★★☆☆　　　正答数 [1回目][2回目]／4　解答 ➡ P25

　ALTのブラウン先生とケンジの対話を聞いて，次の質問に対する答えとして最もふさわしいものを，ア，イ，ウから1つ選び，記号を書きなさい。

No.1　What happened to Kenji's basketball team last week?
- ア　His team won the game.
- イ　His team lost the game.
- ウ　His team became stronger by practicing hard.

No.2　How does Kenji feel when he makes mistakes in the basketball game?
- ア　He always feels sorry for his friends in his team.
- イ　He doesn't understand how he feels.
- ウ　He is encouraged by making mistakes.

No.3　When will Kenji have his next game?
- ア　He will have it in December.
- イ　He will have it in November.
- ウ　He will have it in October.

No.4　Which is true?
- ア　Kenji learned that he could improve his basketball skills by making mistakes.
- イ　Kenji was encouraged by his friend's words and smile.
- ウ　Kenji has played basketball for ten years in America.

📝メモ

- 先週の試合でケンジのチームは[　]た。
- ブラウン先生は[　]で[　]年間バスケットボールをしていた。
- ケンジはミスをすると[　]に[　]と思う。
- ブラウン先生はミスをすると[　]に[　]いた。
- しかし，ブラウン先生の友達がまた[　]すればいいと言った。その[　]と[　]に励まされた。
- ケンジはブラウン先生からとても[　]なことを学んだ。今ではミスをすることで[　]の技術が[　]すると信じている。
- ケンジの次の[　]は[　]月にある。
- ブラウン先生は[　]を楽しみにしている。
- ケンジは[　]つもりだ。

No.1		No.2		No.3		No.4	

ダイキとキャシーの春休みの予定についての対話を聞いて，そのあとの質問に対する答えとして最もふさわしいものを，ア，イ，ウ，エから1つ選び，記号を書きなさい。

No.1
ア　He lived in Tokyo.
イ　He lived in Sydney.
ウ　He lived in Osaka.
エ　He lived in America.

No.2
ア　Cathy will.
イ　Sam will.
ウ　Sam's parents will.
エ　Kate will.

No.3
ア　Yes, she does.
イ　No, she doesn't.
ウ　Yes, she has.
エ　No, she hasn't.

No.4
ア　She likes to send e-mails.
イ　She likes to go shopping.
ウ　She likes to go to the zoo.
エ　She likes to take pictures.

No.1		No.2		No.3		No.4	

第6章　　英文と質問（複数）

- 音声を聞く前に，問題文をよく読み，話をする人の名前や立場を把握しよう。
- 音声を聞く前に，選択肢（と質問）から聞き取る内容をしぼろう。
- 音声を聞きながら，キーワードをメモしよう。

基本問題　難易度 ★★★☆☆　13　正答数 1回目□ 2回目□ ／3　解答 ⇒ P29

ALTのグリーン先生が夏休みの宿題について話をします。それを聞いて，次の質問に対する答えとして最もふさわしいものを，ア，イ，ウ，エから1つ選び，記号を書きなさい。

No.1　生徒たちには，どのような宿題が出されましたか。
ア　A report about one of the problems written in the textbook.
イ　A report about what the students did during summer vacation.
ウ　A report about how to use the city library.
エ　A report about people around the world.

No.2　教科書には，何をしなければならないと書いてありましたか。
ア　To read books in the city library for the report.
イ　To finish writing a report about the problems in our environment.
ウ　To learn about how the Internet can help the students.
エ　To keep thinking about protecting our environment.

No.3　生徒たちは，いつ先生に宿題を提出しなければなりませんか。
ア　After the next class.
イ　At the end of summer vacation.
ウ　At the first class after summer vacation.
エ　At the last class of this year.

📝メモ
- _____前の_____。明日から___日間の休みに入る。
- _____問題についてのレポートを書く。英単語を_____語以上使う。
- _____についての_____を読み終えた。
- _____の中で_____がある問題を選ぶ。
- _____には_____の誰もが環境を_____について考え続けなければならないと書いてある。
- 詳しく知りたい人は_____や_____の本を利用する。
- _____でレポートを提出する。

No.1		No.2		No.3	

教子が祖母の誕生日パーティーについて話をします。それを聞いて，そのあとの質問に対する答えとして最もふさわしいものを，ア，イ，ウ，エから1つ選び，記号を書きなさい。

No.1

- ア　Kyoko's grandmother did.
- イ　Kyoko's mother did.
- ウ　Kyoko's father did.
- エ　Kyoko did.

No.2

- ア　Because Kyoko makes a birthday cake every year.
- イ　Because Kyoko couldn't buy a cake at the cake shop.
- ウ　Because Kyoko's grandmother asked her to make a cake.
- エ　Because Kyoko's grandmother made a bag for her.

No.3

- ア　Nine hours.
- イ　Six hours.
- ウ　Four hours.
- エ　One hour.

No.4

- ア　She enjoyed a special lunch with her grandmother.
- イ　She sang a birthday song for her grandmother with her parents.
- ウ　She said to her grandmother, "Thank you."
- エ　She showed the bag to her grandmother.

No.1		No.2		No.3		No.4	

- 音声を聞く前に，登場人物と作文の条件を確認しよう。
- 本文→質問の順で放送されることが多い。質問は確実に聞き取ろう。
- 自信のない表現は避け，自分が正しく書ける表現を使って英文を作ろう。

基本問題　　難易度 ★★★★☆　 　正答数　1回目 □　2回目 □　／2　解答 ➡ P33

No.1　ジョンと教子の対話を聞いて，教子の最後の問いかけに対する答えを，ジョンに代わって英文で書きなさい。

ヒント

転校していくクラスメートにしてあげられることを書こう。
We can ～「(僕らは)～できる」の書き出しではじめよう。

No.2　ALTのデイビッド先生の話を聞いて，先生の指示に対するあなたの答えを2文以上の英文で書きなさい。

ヒント

2文以上で書くよ。
質問で2つのことを聞かれるから，それぞれ1文ずつ書こう。
1文目は主語+can ～「～できる」の形で書くといいね。
2文目の理由は
It's because ～ .
「それは～だからだ」を使おう。

No.1	
No.2	

カナダの高校に留学にきた日本の生徒たちに向けてルーシーが学校の案内をします。その説明を聞いて，次の各問いに答えなさい。

　No.1では，そのあとの質問に対する答えとして最もふさわしいものを，**ア，イ，ウ，エ**から１つ選び，記号を書きなさい。

　No.2では，質問に対する答えをルーシーが説明した内容に合うように英文で書きなさい。

　No.3では，質問に対するあなたの答えを英文で書きなさい。

No.1

- ア　In the gym.
- イ　In the library.
- ウ　In the lunch room.
- エ　In front of their school.

No.2　（質問に対する答えを英文で書く）

No.3　（質問に対する答えを英文で書く）

No.1	
No.2	
No.3	

CDトラックナンバー 一覧

🔊 音声の聴き方

　CDで音声を聴くことができます。CD以外でも，教英出版ウェブサイトでID番号を入力して音声を聴くことができます。ID番号を入力して音声を聴く方法は，都道府県版（別冊）の1ページをご覧ください。